너른고을 광주
역사와 인물을 통해 배우는 한국사

웃담문화교육연구회

박연희

윤재훈

이주연

임종분

조수아

하영호

허미강

웃담문화교육연구회

'웃담'은 가장 높이 있는 호수라는 뜻으로, 백두산 천지와 한라산 백록담을 가리킨다. 우리 민족이 살아 숨 쉬는 이 땅에서 나라를 사랑하는 마음으로 자주적이며 실천적인 민주주의를 가르치고자 하는 강사들의 모임이다.

이양중 · 맹사성 · 정충량 · 허난설헌 · 신립 · 정뇌경 · 이벽 · 안정복 · 이종훈 · 신익희 · 최은희

너른고을 **광주**

역사와 인물을 통해 배우는

한 국 사

웃담문화교육연구회

박연희 윤재훈 이주연 임종분 조수아 하영호 허미강

도서
출판
우리글

축하의 글

땅이 인물을 만들고, 인물이 땅을 만든다

방세환(광주시장)

18세기 실학자 이중환은 『택리지』에서 우리 고장 광주를 이렇게 묘사했습니다.

'경기도 여주 서쪽은 광주로, 석성산에서 나온 한 가지가 북쪽으로 한강 남쪽에 가서 고을이 형성되었으며 읍광주부은 만 길 산꼭대기에 있다. 옛 백제 시조였던 온조왕이 도읍하였던 곳으로, 안쪽은 낮고 얕으나, 바깥쪽은 높고 험하다. 청나라 군사들이 처음 왔을 때 병기라고는 날도 대보지 못하였고, 병자호란 때도 성을 끝내 함락시키지 못하였다. 그런데도 인조가 성에서 내려온 것은, 양식이 부족하고 강화가 함락되었기 때문이었다.

강화가 결정되고 나서도 국도한양를 외적으로부터 막아줄 중요한 성이라 생각해서, 성 안에다 절 아홉을 세워 스님들을 살게 하고 총섭總攝한 사람을 두어 승대장으로 삼았다. 해마다 활쏘기를 시험하여 후한 녹을 주는 까닭에 스님들은 오로지 활과 살로써 업을 삼았다. 조정에서는 나라 안에 스님들이 많아서 그들의 힘을 빌려 성을 지키고자 한 것이었다.'

하영호 선생과 여섯 분이 공동 집필한 『너른고을 광주 역사와 인물을 통해 배우는 한국사』는 21세기 광주의 택리지라 부를만한 저술입니다. 책장 한 장 한 장을 넘길 때마다 광주에 대한 사랑과 관심이 넘쳐납니다. 광주의 역사, 광주의 인물을 현미경으로 자세히 들여다보는가 하면 망원경으로 넓게 조망하고 있습니다.

이 책을 읽으면, 광주가 이렇게 많은 역사적 인물들을 배출 했는가 놀라면서 큰 자부심을 느끼게 될 것입니다.

고려의 마지막 충신 이양중 선생부터 청백리 재상 맹사성, 조선시대를 대표하는 여류시인이며 시서화에 능했던 허난설헌, 임진왜란의 용장 신립 장군, 목숨을 걸고 임금에게 직언을 했던 정충량, 소현세자의 스승이 였던 정뇌경, '우리나라 역사를 정립한『동사강목』의 저자 안정복, 천주교를 이 땅에 뿌리내리게 했던 이벽, 독립운동가이자 정치가이며 교육자였던 신익희, 동학농민운동과 독립운동을 위해 일생을 바친 이종훈, 한국 영화계 최고의 여배우 최은희에 이르기까지 한국 역사 속에 큰 획을 그은 분들을 이 책 속에서 만날 수 있기 때문입니다.

국가와 민족을 위해 목숨을 내놓은 분도 계시고. 격동의 역사 속에서 그 시대의 선구자가 되어 새로운 길을 후손에게 열어주신 분들도 계십니다. 그분들 덕분에 광주는 충절의 땅이라는 역사적 평가를 받고 있으며, 그분들의 희생으로 오늘날 자랑스러운 대한민국을 만들었습니다.

이처럼 광주 땅이 인물을 낳았고, 광주의 위대한 인물이 광주를 위대한 땅으로 만들었습니다. '희망도시 행복광주'는, 광주의 땅과 인물의 역사를 배우는 것으로부터 시작될 것입니다. 천년 광주의 역사와 인물에 이어 새천년의 새로운 인물이 탄생하기를 진심으로 바랍니다.

이 책을 쓰신 하영호 선생을 비롯한 여섯 분의 노고에 감사드립니다. 광주의 역사와 인물을 이해하는 데 충분한 가치를 가지고 있는 이 책이 교육적으로도 널리 애용되길 희망합니다.

2022년 12월

책머리에

경기 광주 지역에서 초·중·고등학교에 다니는 학생 및 성인을 대상으로 광주의 역사와 문화, 민주주의에 관해 강의를 하고 있는 선생님들이 모였다. 그리고 우리 동네 광주를 널리 알리는데 도움이 될 만한 책을 만드는데 힘을 모으자고 의논하게 되었다. 이 책『너른고을 광주 역사와 인물을 통해 배우는 한국사』는 그렇게 선생님들이 한마음이 되어 집필을 시작하게 된 첫 책이다.

우리는 민주주의 교육 중에 꼭 필요한 것이 '주인의식'이란 주제로 자료를 수집하고 수없이 토론을 거쳤다. 주인의식을 갖기 위해서는 먼저 내 고장의 역사를 알아야 하고, 그 역사와 함께한 인물은 누구이며, 그 인물이 남겨준 교훈은 무엇인지 이해하는 것이 필요하다는데 생각이 일치했다.

바쁘게 살고 있는 사람들에게 '역사가 무엇인가요?' 혹은, '역사는 왜 알아야 하나요?'라는 질문을 던지면, '역사는 옛날 사람들의 이야기가 아닌가요?'라고 대답하곤 한다. 그래서 '역사를 알아야 미래를 알 수 있다.'라고 하면, '그건 꼰대들이 하는 말 아닌가요?'라고 반문한다.

역사 공부란, 아픈 과거를 들춰내 이를 멋지게 포장하고 꾸미기 위해서 하는 것이 아니다. 그렇다고 역사를 내 마음대로 해석하여 왜곡하고자 하는 것 또한 아니다. 역사를 공부하다 보면, 내가 어디서 왔고, 무엇을 위해 살고 있으며 어떻게 해야 올바른 삶이라 할 수 있는지 깨닫게 되므로 절로 해답을 얻게 된다.

이런 단순한 진리를 좀 더 많은 이들에게 알려 같은 실수를 반복하는 어리석은 일이 없기를 바라는 마음으로 글을 쓰고, 퇴고를 거듭했지만, 여전히 아쉬운 마음이 든다. 부족한 면이 눈에 띄더라도 따뜻한 마음으로 읽어주기 바란다. 그리고 우리 지역 역사를 이해하는 데 조금이라도 도움이 되면 좋겠다.

책의 출간을 위해 지도해주시고 아낌없이 성원을 해주신 부길만 교수님과 부족한 글을 정성을 다해 다듬고 묶어주신 도서출판 우리글 여러분에게 감사 인사 드린다. 지역의 역사와 문화를 알리기 위해 자료 수집에서부터 공동 집필까지 함께 애쓴 박연희, 윤재훈, 이주연, 임종분, 조수아, 허미강 선생께도 고마운 마음을 전한다.

그리고 책을 기획하고 공부할 수 있도록 기초를 놓아주신 광주시청 교육청소년과에 감사드린다. 또한 책을 내기까지 아낌없이 지원해주신 광주 이씨 석탄공파 대종회, 온양 정씨 충정공파 종중, 동래 정씨 소평공파 종중에도 지면을 통해 큰절 드린다.

2022년 12월

웃담문화교육연구회 하영호

차례

축하의 글 – 땅이 인물을 만들고, 인물이 땅을 만든다_방세환(광주시장) • 4

책머리에 – 하영호(웃담문화교육연구회) • 6

1부

1. 역사를 알아야 하는 까닭 • 12

2. 광주의 역사 • 14

3. 지역 변천 과정 • 18

4. 지명 유래 • 22

2부

1. 이양중 – 고려의 마지막 충신 • 44

2. 맹사성 – 세종을 올바른 길로 이끈 스승 • 56

3. 허난설헌 – 조선 최초의 베스트셀러 시인 • 77

4. 신립 장군 – 이탕개의 난을 평정한 북벌 호랑이 • 99

5. 정충량 – 기묘사화 때 목숨 걸고 직언을 한 선비 • 117

6. 정뇌경 – 청나라까지 자원해서 따라간 소현세자의 스승 • 134

3부

1. 이벽 – 조선 천주교회 창립 선조 • 154

2. 안정복 – 정조대왕의 스승 • 167

3. 이종훈 – 동학농민운동과 독립운동에 온 몸을 던진 지도자 • 187

4. 신익희 – 독립운동가이며 교육자 • 206

5. 최은희 – 영화 같은 삶을 살았던 배우이며 교육자, 영화감독 • 221

참고 문헌 및 사진 출처 • 237

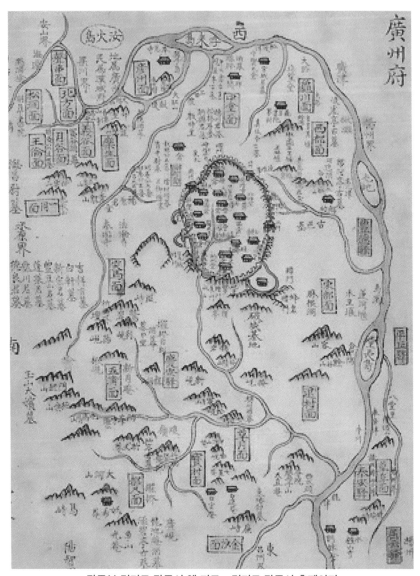

광주부 경기도 광주시 옛 지도 _ 경기도 광주시 홈페이지

1부

역사를 알아야 하는 까닭

광주의 역사

지역 변천 과정

지명 유래

역사를 알아야 하는 까닭

하영호

 '역사'를 영어로 번역하면 히스토리history라고 하며, '어떤 사물이나 현상이 진행되거나 존재하여 온 과정'이라고 사전에서 정의하고 있다. 그러나 사전적인 의미로 역사를 이해하기란 쉽지 않다.

 필자는 역사를 '내비게이션'이라고 표현하고 싶다. 우리는 여행을 가려고 할 때 갈 곳을 먼저 정하고 난 다음 어떤 교통편을 이용할 것인지 정하게 된다. 그리고 목적지에 가는 방법과 걸리는 시간 등을 미리 인터넷 검색으로 알아보고 출발한다.

 이런 과정이 왜 필요할까? 그것은 길을 잃어버리거나 헤매지 않고 목적지를 찾아가기 위해서이다.

 우리가 교과과정에서 역사를 공부하고 알아야 하는 이유는 여러분이 미래로 나아갈 때, 길을 헤매지 않고 목적지에 도착할 수 있도록 옛사람들의 지혜를 빌리기 위해서이다. '역사를 잊은 민족에게는 미래가 없다.'라는 말처럼 우리가 역사를 기억하지 못하면, 똑같은 실수를 반복하게 된다.

    과거의 역사는, 우리에게 잘 풀지 못하는 일들을 해결할 수 있도록 지혜를 주는 사전과도 같다.

    내가 오늘 아침에 지나온 길은 과거요, 내가 서 있는 지금이 현재요, 내가 가고자 하는 곳은 미래이다.

    역사는 거의 주기적으로 반복하고 있다. 우리 주변 열강들의 군사적, 외교적 압력 또한 먼 옛날의 이야기가 아니라 현재 우리가 맞닥뜨리고 있는 사실이다. 이러한 난제들을 슬기롭게 해결하기 위해 선조들이 해법을 내놓은 것을 타산지석他山之石으로 삼아야 할 것이다.

광주의 역사

하영호

사람의 이름에 각각의 깊은 뜻이 담겨 있듯이 땅의 이름에도 여러 가지 뜻이 담겨 있다. 사람의 이름을 성명姓名이라 하고, 땅의 이름은 지명地名이라고 한다.

광주라는 지명은 무척 오래된 것으로 지금으로부터 1082년 전인 서기 940년에 고려를 세운 태조 왕건으로부터 하사받은 것이다.

고려시대 초창기 왕건이 세력을 키우고 영토를 넓혀가는 과정에서 이에 대해 반감을 품고 반란을 일으키려는 부족들이 생겨났다. 이에 대한 해결책으로 태조 왕건이 실시한 '혼인정책'은 막강한 세력을 가진 부족들과 고려 왕실 간에 혼인이라는 의식으로 새로이 친족관계를 맺는 것이었다. 친족관계가 되면 서로를 향한 공격의 위험은 사라질 것이라고 왕건은 믿었다. 당시 왕실과의 혼인으로 왕족의 신분을 얻게 된 세력가 왕규도 그중 하나였다.

태조 왕건은 반드시 왕규의 세력을 자신의 편으로 만들어야 했으므로 왕규에게, 딸을 자신의 부인으로 삼고 왕규를 장인으로 모시겠다고 제안한다. 왕규는 왕건의 제안을 받아들였고, 왕건은 자신의 장인이 된 왕규에게 다스릴 땅을 떼어주고 땅의 이름을 지어주었다. 그곳이 바로 경기도 중앙에 있는 '광주넓은 광廣, 고을 주州, 땅이 넓은 고을이라는 뜻'이다. 이처럼 옛날 광주는 한강 이남의 거의 대부분을 차지하는 아주 넓은 고을이었다.

얼마나 넓은 지역이기에, 왕으로부터 '넓은 고을'이라는 뜻을 가진 이름까지 하사받게 된 것일까?

고려부터 조선시대까지 서울 한강 이남 지역강남구, 서초구, 강동구과 수원시 일부, 용인시 일부, 안산시 일부, 성남시 전부, 하남시 전부가 광주 땅이었다. 그래서 삼남 지방현재 충청도, 경상도, 전라도에서 한양으로 가려면 광주 땅을 밟지 않고는 갈 수 없었다. 넓은 땅 광주에서는 갖가지 곡식이 잘 자랐으며, 우리가 알고 있는 수많은 역사적 인물들이 태어나고 자랐다.

광주廣州는 지리적으로 한강 유역과 가까워 백제의 건국과 변천을 겪은 곳이다. 또한 고구려·백제·신라 삼국이 영토 확보를 위해 수많은 전쟁을 치르면서 여러 차례 관할 국가가 바뀌고 지명 또한 수시로 바뀌는 과정을 겪어야 했다.

한강은 우리나라 중앙을 횡으로 흐르는 큰 강으로 우리 민족이 상고시대부터 서로 패권을 다투던 곳이었다. 그리하여 한강 유역을 차지한 나라는 번성했고, 빼앗긴 나라는 쇠퇴하였다.

선사시대에는 어떠하였는지 알 수 없지만, 기자조선 마지막 군왕인 준왕準王이 위만에게 쫓겨 남하하여 이곳에 정착하였다고 추측하고 있다. 그가 한왕韓王이 되어 세운 나라가 회안국淮安國이다. 위치는 지금의 광주시 경안동 일대라고 한다.(얼마 전까지 경안리 장터광주 전통시장 부근에 회안교 다리 흔적이 남아 있었는데 하천 복개 공사를 하며 없애버린 것이 무척 아쉽다.)

그 후 회안국을 토대로 백제가 일어났다. 백제 시조 온조왕은 BC 18년 위례성현재 하남과 위례 신도시 부근에 국도國都, 한 나라의 수도를 두고 도읍을 세웠으며 온조왕 14년BC 6년 한산으로 도읍을 옮겼다.

문주왕文周王이 고구려에 쫓겨 공주公主로 천도遷都, 수도를 옮김할 때까지 104년 동안 남한산성 일대가 백제의 도읍지였다.

온조왕으로부터 21대 개로왕 때까지 고골현재 하남시 교산동 일대과 남한산성 등지를 포함한 광주시 일대는 493년간 백제의 도읍지로 역사가 깊은 곳이다.

문주왕이 도읍을 충남 공주로 천도함에 따라 광주 일대는 고구려 땅이 되었다. 백제 성왕 29년551년에 실지失地, 잃어버린 땅한 6개 군이 회복되었으나, 불과 2년 후 다시 신라 진흥왕에게 빼앗겨 신라의 땅이 되었다.

신라 문무왕 3년663년 '한산주'로 명칭이 바뀌었고 같은 왕 8년에 '남한산주南漢山州', 신라 경덕왕 15년756년에는 '한주韓州'라 불렀다.

'광주'라는 이름으로 처음 부르게 된 것은 지금으로부터 1082년 전인 고려 태조 23년940년 때이다.

조선시대 정조임금 때에는 23개 면을 담당하는 '광주부'로 수어사 겸 광주유수가 남한산성을 중심으로 넓은 지역의 여러 고을들을 다스렸다.

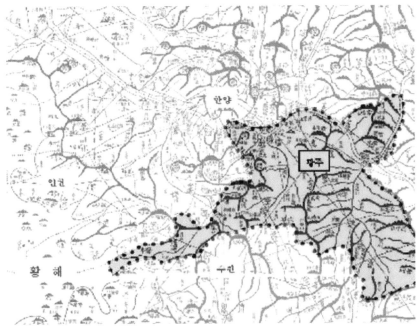

대동여지도에 나타난 광주목 행정적 관할구역 _ 경기도 광주시 홈페이지

지역 변천 과정

하영호

고려 성종 2년983년 전국적으로 주·부·군·현의 이름을 개정하고 전국에 12목牧을 두었는데, 그때 광주목이 설치되었다. 고려 성종 14년995년에 12절도사를 둘 때 광주를 봉국군奉國軍 절도사로 고쳐 관내도關內道에 소속시켰다.

고려 현종 3년 절도사를 패하여 안무사按撫使를 삼았고, 현종 9년 12목을 줄여 8목으로 고칠 때에도 광주군은 그대로 유지되었다.

그 후 큰 변화가 없다가 조선 선조 10년1577년에 광주부로 승격되었다. 임진왜란과 병자호란을 치르고 나서 군사적·행정적 요충지로써 산성 축성의 필요성과 그 역할이 강조되면서 조선 숙종 9년1683년에 광주부를 광주유수로 승격시켰다.

고종 32년1895년 전국을 23부로 지방 제도를 개편하며 개성·강화·수원과 함께 광주유수부가 폐지되고, 한성부 광주군으로 이름이 변경되었다.

1945년 해방 이후 6·25 전쟁을 거치면서도 일제강점기 당시의 행정구역에서 큰 변화가 없었다. 그러다가 1960～1970년대 들어 도시화·산업화의 영향력이 크게 작용하였다. 그 중 대표적인 행정구역 개편으로 1963년 현 서울시 송파구 전역과 강남구·서초구의 일부인 구천면·언주면·중대면 전체와 대왕면 5개리가 서울시로 편입되었다.

광주군은 1973년 성남시가 분리, 독립되고 1989년 하남시가 분리, 독립되면서 행정구역이 줄어들었다. 그러나 빠른 도시화과정과 급격한 인구 증가로 2001년 3월 21일 광주시로 승격되었다.

광주 지명 변천 과정

시기	집권 왕	명칭 변화
백제	온조왕 13년(B.C 6년)	남한산성南漢山城
신라	문무왕 4년(664년)	한산주漢山州
신라	문무왕 8년(670년)	남한산주南漢山州
신라	경덕왕 15년(757년)	한주漢州
고려	태조 23년(940년)	광주廣州
고려	성종 2년(983년)	광주목廣州牧
조선	선조 10년(1577년)	광주부廣州府
조선	인조 원년(1623년)	광주 유수廣州 留守
대한민국	광무 10년(1906년)	광주군廣州郡
대한민국	2001년 3월	광주시廣州市로 승격

광주시 행정구역 변경 과정

2001년 광주시로 승격될 당시 10개 읍면동으로 오포읍, 초월읍, 실촌면, 퇴촌면, 남종면, 중부면, 도척면, 송정동, 경안동, 광남동이 있었으나 2011년 6월 21일 실촌면이 곤지암읍으로 변경, 2015년 10월 16일 중부면이 남한산성면으로 변경, 2020년 12월 1일 쌍령동이 경안동에서 나누어졌고, 탄벌동이 송정동에서 나누어졌고, 광남동이 광남1동과 광남2동으로 나누어지면서 13개 읍면동으로 늘어나 오포읍, 초월읍, 곤지암읍, 퇴촌면, 남종면, 남한산성면, 도척면, 송정동, 탄벌동, 경안동, 쌍령동, 광남1동, 광남2동이 되었다. 그 후, 2022년 9월 1일 오포읍을 폐지하고 4개동이 신설되면서 초월읍, 곤지암읍, 퇴촌면, 남종면, 남한산성면, 도척면, 송정동, 탄벌동, 경안동, 쌍령동, 광남1동, 광남2동, 오포1동, 오포2동, 신현동, 능평동 16개 읍면동으로 다시 늘어났다.

광주시청은 1917년 광주군 중부면 산성리 남한산초등학교 앞에 있었으나, 1957년 광주군 광주읍 송정리 120-8번지현재 광주시 송정동 파라다이스아파트 옆로 이전했고, 2009년 5월 4일 광주시 송정동 행정타운로 50에 새로운 청사를 지어 이전해 지금에 이르고 있다.

2001년 광주시 승격 당시

2022년 현재 광주시

지명 유래

하영호

가. 맹사성과 직동

맹사성은 고려 말 조선 초의 문신으로, 1360년고려 공민왕 9년에 지금의 충남 온양고려 양광도 온양에서 태어나 1438년조선 세종 20년 76세에 관직을 그만 두고 3년 후, 79세에 세상을 떠났다.

본관은 신창新昌 맹씨孟氏이며, 자는 자명自明, 호는 고불古佛이다 묘소와 묘표는 경기도기념물 제21호로 지정되었으며, 광주시 직동 산 27번지에 묘소가 있다.

맹사성은 조선 세종대왕 때 황희 정승과 함께 청백리로 널리 알려진 인물이다. 맹사성 하면, 저절로 '검은 소'를 떠올리게 된다. 높은 벼슬을 한 사람들은 말을 타고 다녔지만, 맹사성은 평민 복장을 하고 검은 소를 타고 피리를 불며 다녀 어느 누구도 그가 좌의정이란 것을 알지 못했기 때문이다.

조선시대에 임금, 영의정 다음으로 높은 좌의정 벼슬이었지만, 검소한 차림새 때문에 사람들이 알아보지 못해 여러 가지 재미있는 이야기가 전해 내려오고 있다.

직동

본래 광주군 광주읍 직리 지역으로, 태전동으로부터 곧은 골짜기 속에 있는 마을이라 하여 '곧은골'이라 하고 한자로 '직동直洞'이라 불렀다. 어느 문헌에는 '직곡直谷'이라 표기한 것도 있다.

조선 후기 영조, 정조 시대1770년 전후에는 경안면 2리라 하여 광남동 전 지역을 하나의 행정구역으로 삼았다. 광주시 직동은 조선의 개국공신 의령宜寧 남씨南氏 남재南在 후손의 세거지世居地, 후손들이 대대로 살고 있는 지역이다. 그래서 마을이 형성된 정확한 연대는 알 수 없지만, 현달한 조상들의 묘가 많이 있으며 고려 때부터 사람이 살아온 것으로 추정하고 있다.

2001년 3월 광주군이 광주시로 승격되면서 생긴 행정구역이 광남동이다. 그 후 2020년 12월 1일 광남동광남동, 태전동, 직동, 목동, 중대동 일대 관할 지역에 대단지 아파트가 들어서며 급격하게 인구가 증가하게 되자 광남동은 다시 광남1동과 광남2동으로 나누어져 행정구역이 변경되었다.

나. 최항崔恒과 퇴촌면 도마리

한글학자 최항은 본관이 삭녕 최씨朔寧 崔氏이며, 자는 정보, 호는 태허정太虛亭, 동량이다. 그의 시조는 고려 때 문하시랑평장사를 지낸 최선로라고 한다.

세거世居가 확인된 곳은 광주시 퇴촌면 도마리와 도수리 등이며, 일제강점기인 1930년 당시에도 퇴촌면 일대에 집성촌을 이루고 있었다.

최항은 조선 초기의 대학자로 요직을 두루 거쳤고 성종이 집권할 때에는 영의정까지 올랐다. 특히 세종대왕 때에는 훈민정음 창제 당시 집현전 8학자 중에 중견 학자로서 창제 과정에 크게 공을 세웠다.

경기도 기념물 제33호로 지정된 선생의 묘소는 퇴촌면 도마리 산11번지에 있다. 그 근처 195번지에는 제실인 영모재永慕齋가 있으며, 퇴촌 방향 도로변에는 선생의 생전 업적을 적어놓은 신도비가 있다.

묘는 묘역에 비해 봉분이 작고 얕게 꾸며져 있다. 제단 좌우에 문인석이 세워져 있는데 왼쪽 묘비는 묘소를 설치할 때 세운 것이고, 우측 묘비와 상석은 선생의 17대손이 300여 년 전에 설치한 것이라고 한다.

그의 묘소가 있으며 세거지인 광주시 퇴촌면 도마리道馬里라는 지명에 대해서는 여러 이야기가 전해져오고 있다.

조선시대 대표적인 광주읍지인 『중정남한지』를 보면 도마치 고개를 한자로 '도마치倒馬峙'라고 써놓았다. 이는 '말이 넘어진 고개'라는 뜻이다. 지금은 그리 높아 보이지 않지만, 예전에는 도마치 고개가

하도 가파르고 험해서 양반들이 말을 타고 고개를 넘다가 말이 여러 번 넘어졌기 때문에 이런 이름이 생겼다고 한다.

도마치 고개에 대해 전해져 오는 또 다른 이야기도 있다. 그 근처에서 여우가 사람을 괴롭히는 일이 종종 벌어지자, 어느 도공陶工이 그 여우를 잡아 죽였다고 한다. 그러자 죽은 여우의 혼이 나타나 여전히 사람을 괴롭혔다.

궁리 끝에 그 도공은 여우의 혼을 누르고 달래기 위해 도자기로 말을 여러 마리 만들어 고개에 세웠다. 그 후 여우가 사람들을 괴롭히지 않게 되었으므로 도마치 고개 인근 마을 이름을 도마리陶馬里하고 하였다는 것이다.

다. 허난설헌과 초월읍 지월리

조선 중기 여류시인 허난설헌의 본관은 양천陽川 허 씨이고, 본명은 초희楚姬, 자는 경번景樊, 호는 난설헌蘭雪軒이다. 조선 명종 18년1563년에 태어나 선조 22년1589년에 세상을 떠났다. 허난설헌은 『홍길동전』의 저자인 허균의 친누나이다.

묘소가 광주시 초월읍 지월리 산29-55번지, 중부고속도로 옆쪽 언덕에 있다. 이곳은 허난설헌의 남편 안동 김 씨 김성립 집안의 세장지世葬地, 후대가 계속하여 묘소를 쓰는 곳이기도 하다. 1986년 경기도기념물 제90호로 지정되었다.

허난설헌은 어려서부터 영리해 어깨너머로 배운 글로 8세 때 지은 「광한전 백옥루 상량문」이 사람들 사이에 알려져 '여신동女神童'이라는 말을 들었다.

1677년선조 10년 김성립과 혼인하였는데, 부부사이가 좋지 않았다. 엎친 데 덮친 격으로 어린 딸과 아들을 차례로 잃고 뱃속의 아이마저 유산한 상태에서 친정이 옥사에 연루되어 동생 허균마저 귀양을 가게 되자, 삶의 의욕을 잃고 불우하게 지내다가 27세에 세상을 떠났다.

허난설헌은 작품이 상당히 많았는데 임종 때 그의 유언에 따라 모두 불태웠다고 한다. 그러나 작품 일부를 동생 허균이 중국에 소개한 후 최초의 한류 시인으로 중국에서 사랑을 많이 받게 되었다. 그녀의 시는 중국에서 널리 암송되었으며 책으로도 발간되었다. 그리고 일본에도 널리 알려져 사랑을 받았다.

허난설헌 묘소가 있는 광주시 초월읍 지월리

대한제국 시대에는 행정구역이 지곡리池谷里, 샘이 있는 동네라는 뜻와 설월리로 이루어졌던 것이 1914년 일제 강점기에 행정구역이 통폐합되면서, 지곡의 '지'와 설월의 '월'자를 따서 '지월리'가 되었다. 지곡은 '못골'이라고도 부르는 자연부락이고, 설월은 '설월리'라고 불리는 자연부락이다.

또 다른 설은, '못골'에 큰 논이 있었는데 그 논 가운데 달이 비치면 그 풍경이 참으로 아름다워 '지월池月'이라고 마을 이름을 지었다고 한다.

라. 신립 장군과 곤지암읍 산이리

신립申砬장군은 조선 중기의 무신武臣으로 1546년명종 1년에 태어나 1592년선조 25년 임진왜란 전투에 참전해 전사하였다.

묘소는 곤지암읍 신대리 산1-1에 묘와 묘갈墓碣, 무덤 앞 네모난 돌 비석이 함께 있다. 본관은 평산平山 신 씨이며, 자는 입지入之, 시호는 충장忠壯이다.

1567년선조 즉위 무과武科에 급제한 후 선전관을 거쳐 도총부도사, 진주판관 등 여러 관직을 역임하였다.

1583년선조 16년 함경도 은성 부사로 있으며 북쪽 변방에 침입해 온 니탕개尼湯介 무리를 격퇴한 후 계속 진군해 두만강을 건너가 오랑캐의 소굴을 소탕했다. 그래서 신립 장군이 있을 때는 오랑캐가 약탈을 할 수 없었다. 이러한 공로로 함경북도 병마절도사가 되었고, 1590년 평안도 병마절도사를 지냈으며 이듬해 한성부 판윤을 거쳤다.

1592년 임진왜란이 일어나자 충청·전라·경상 3도 순변사로 임명되어 현재 충북 충주시 탄금대에서 배수진背水陣을 치고 왜군과 대결하였으나, 여러 가지 이유로 크게 패하게 되자 부하 장수 김여물과 함께 남한강에 투신해 자결하였다. 훗날 영의정에 추증追贈, 공이 많은 벼슬아치가 죽은 뒤에 나라에서 그의 품계나 직위를 높여 주는 일되었다.

신립 장군 묘소가 있는 곤지암읍

곤지암읍은 광주시 동남부에 있다. 동쪽은 여주군 남사면, 남쪽은 이천시 신둔면, 북쪽은 광주시 초월읍과 퇴촌면, 남서쪽은 광주시 도척면과 맞닿아 있다. 앵자봉667m, 천덕봉635m, 정계산407m, 원적산564m 등에 둘러싸여 동쪽이 높고 서쪽이 낮은 지형이다.

오래 전부터 내려오던 '실촌읍'이란 이름을 2011년 6월 21일 곤지암읍으로 변경했다. 실촌읍實村邑이란 땅 이름은, 명당明堂, 사람이나 곡식이 잘 자라기 좋은 땅이 많고, 기인奇人, 인품이나 학식이 뛰어난 사람, 재인才人, 재주가 많은 사람이 많이 태어났으며, 고을이 견실堅實, 곡식이나 열매가 가득하다하다고 하여 부르게 되었으며 조선 초기부터 사용해왔다.

실촌읍 삼리삼리초등학교 인근에서는 구석기시대 유물이 발견되었고, 신대리곤지암역 부근에서는 청동기 시대 유물이 발견되었고, 연곡리에서는 통일신라시대 유물이 출토된 적이 있다. 이런 점으로 미루어 보아 실촌읍에서는 아주 먼 옛날부터 사람이 살았다는 것을 알 수 있다.

실촌읍 행정구역 변천 과정

1904년 대한제국 때는 30개 동·리로 되어 있었지만, 1914년 일제 강점기에 행정구역이 축소되고 통합되거나 없어져 15개 동·리만 남게 되었다.

실촌면은 광주에서 제일 먼저 3·1 만세 운동이 일어난 곳이다. 당시 오향리 면사무소 앞에서 주민들이 다함께 모여 일제에 항거하며 우리나라의 독립을 외쳤던 상징적인 지역이다.

마. 안정복과 중대동

조선 후기 실학자 안정복은 1712년숙종 38년에 태어나 1791년정조 15년에 세상을 떠났다. 본관은 광주廣州, 자는 백순白順, 호는 순암順庵, 시호는 문숙文肅이며, 묘소는 광주시 중대동 산 15-2에 있다.

그는 특별한 스승 밑에서 공부를 하지 않고, 집안 어른이나 동네에 사는 학식이 높은 분을 통해 공부하다가 35세에 현재 안산시 상록구 일동옛 지명 광주군 첨성리으로 성호星湖 이익李瀷 선생을 찾아가 그의 제자가 되었다.

1749년영종 25년에 후릉厚陵, 조선2대 임금 정종과 정안왕후 김 씨의 쌍릉의 참봉으로 관직 생활을 시작한 후 의영고봉사, 정릉 직장, 귀후서별제, 사헌부 감찰, 목천현재 천안시 현감 등을 지냈다.

79세인 1790년정조 14년에 가선대부 동지중추부사종2품까지 올랐으나, 관운官運은 그리 좋은 편이 아니었다.

어려서부터 할아버지가 관직 생활을 하시는 곳을 따라다니다가 할아버지가 돌아가시고 난 이듬해 1736년영조 12년 고향인 광주시 경안면 덕곡리로 돌아와 '순암'이라는 이름을 붙인 작은 집을 짓고 살았다. 이때부터 그의 학문적 여정이 시작된 것으로 보인다.

안정복은 정통 주자학과 퇴계 이황의 학문적 입장을 사상적인 배경으로 삼았으나, 형이상학적인 이기심성론에 대해서는 부정적이었다. 그런데 성호 이익과의 만남을 통해 그의 학문적 여정에 전환점을 맞게 되었다.

안정복의 대표적인 저서 『동사강목』은 주자의 『자치통감강목』에 대한 비판적인 인식을 바탕으로 저술한 역사책으로 이익이 쓴 『자치통감강목』의 비판정신을 계승한 것이었다.

그는 『동사강목』을 통해 경사일체經史一體, 유학과 역사는 하나라고 인식하는 중세 역사인식의 주자학적인 역사 인식에서 벗어나 조선 역사의 독자성을 강조하고 실학적인 역사 인식의 중요성을 알렸다.

『하남지남』, 『임관정요』, 이익의 『성호사설』을 재정리한 『성호사설유선』 등 많은 저서가 남아있다.

안정복의 묘소가 있는 광주시 중대동

조선시대에는 중리中里와 대리垈里 2개 행정리가 있었으나, 1914년 일제강점기에 행정구역을 축소 개편하면서 두 마을을 합쳐 '중대리中垈里'가 되었다.

대리垈里를 '텃골'이라고도 부르는데, 『여지승람』에는 덕곡德谷이라고 기록되어 있다. 이 마을은 광주廣州 안씨安氏의 세거지世居地, 대대로 이어져 내려오며 집단을 이루어 사는 마을이다.

조선 초기에 의정부 참찬을 지낸 조선 최초의 청백리재물에 대한 욕심이 없으며 곧고 깨끗한 벼슬아치, 사간공思簡公 안성安省이 들어와 살게 된 후, 600여 년간 세거하여 오고 있다.

중리中里는 '중말'이라고도 부르는데, 이 마을에는 함안咸安 이씨李氏들이 조선 중기 선조 시대부터 세거하여 살아오고 있다.

대리垈里가 중대동 중심 마을이다. 광주 시내에서 3번 국도를 따라

성남 방면으로 가다 보면, 갈마터널 전에 있는 중대물빛공원 오른쪽에 있는 동네이다. 이 마을은 영장산 줄기가 병풍처럼 둘러쳐 있어서 아늑한 느낌을 준다.

이택재遷宅齋는 안정복이 학문을 펼치고 후학 양성을 위해 강학하던 곳으로 지금까지 후손들에 의해 잘 보존되고 있다. 그의 뜻을 받들어 매년 이곳에서 어린 학생들을 위한 교육행사가 이루어지고 있다.

바. 이벽과 천진암

이벽은 1754년 경기도 광주군 남종면 배알미리현재 팔당댐이 있는 하남시 배알미동에서 태어났다. 아버지 이부만과 어머니 청주 한 씨 사이 6남매 중 둘째로 본관은 경주慶州이며, 호는 광암曠菴, 자는 덕조이다.

지금부터 230여 년 전 이벽, 이승훈, 정약전, 정약종, 정약용, 권철신, 권일신, 이총억, 김원성 등이 광주군 퇴촌면 우산리 천진암에 모여 순수한 학문적인 욕구로 천주학을 연구하기 시작했다. 그러나 점차 천주학에 심취하게 되면서 얼음을 깨고 찬물로 세수하며 아침, 점심, 저녁, 새벽 등 네 번씩 규정된 경문을 외우고 철저히 심신을 연마했다.

그리하여 이 모임이 끝날 무렵 이벽은 「천추공경가」, 「성교요지」를 지었고, 정약용은 「십계명가」를 지어 학문으로서의 천주학이 종교적인 차원으로 승화되었음을 알 수 있다.

경기도 남양주시 조안면 다산로 팔당댐변 마재

남양주시 조안면 능내리는 정약전1758~1816, 정약종1760~1801, 정약용1762~1836, 조선 후기 천재 삼형제가 태어나고 자란 곳이다. 조선 후기까지 광주군 조안면 능내리였으나, 1906년 행정구역 개편작업으로 양주군으로 편입되었다가 1995년 1월 1일 미금시와 남양주군이 통합되어 남양주시로 승격되면서 남양주시 조안면 능내리가 되었다. 천재 삼형제의 아버지 정재원이 광주 목사로 부임하면서 잡은 터가 마재이다. '마재'란, '말이 쉬어가는 언덕'이란 뜻을 담고 있다.

천주교가 우리나라에 뿌리를 내리기 시작한 초기에 세례를 받은 삼형제 가운데 약전과 약용은 전라도 강진과 흑산도로 유배를 가면서 후대에 빛나는 학문적 업적을 남겼다.

그러나 약용의 둘째 형 약종은 천주교 신앙을 지키다가 부인과 2남1녀철상 · 하상 · 정혜 등 자식 모두가 순교 당해 집안의 대가 끊겼다.

천진암天眞菴은 퇴촌면 우산리 앵자봉 아래에 있는 암자였다고 한다. 『중정남한지』는 '앵자산에 있는 오래된 절로 종이를 만들며, 사용원司饔院에 속해있다'고 전하고 있지만, 1779년을 전후하여 없어진 것으로 추정된다.

이곳 천진암에서 한국 초기 가톨릭교 신자였던 이벽, 권철신 등이 최초로 가톨릭 교리를 강론하고, 신앙 활동을 활발하게 전개하였다. 이로부터 천진암은 한국천주교회 발상과 관련된 중요한 사적지로 주목받게 되었다.

조선 후기에 천주교라는 새로운 종교가 광주 지역에서 자라나 전파되기 시작하였지만, 새로운 사상과 종교는 조선의 기존 가치 및 사상체계와 크게 충돌하게 되었다. 천주교의 수용과 확산 과정은 처음부터 이념 논쟁과 함께 탄압과 박해로 이어졌고, 박해가 시작된 곳 역시 광주 지역에서부터였다.

1791년에는 조상 제사 문제로 진산사건이 발생하면서 권일신이 순교하는 등, 이른바 신해박해가 일어나게 되었다. 신해박해는 1791년정조 15년에 일어난 최초의 천주교도 박해사건으로, 신해사옥 혹은 진산사건이라고도 한다. 전라도 진산군에 사는 선비 윤지충이 어머니가 돌아가시자 신주를 불사르고 가톨릭 방식으로 제사를 지냈다는 소문이 돌아 논쟁이 벌어진 것이 빌미가 된 것이다. 이 일로 윤지충과 권상연은 사형을 당하고, 권일신은 유배를 가는 것으로 일단락되었다. 1794년 12월 조선에 몰래 입국한 주문모 신부의 선교 활동과 관련하여 1795년 을묘박해가 일어나면서 윤유일과 최인길, 지황이 주문모 신부를 대신해 1795년 6월 28일 순교하였다.

1866년부터 1871년까지 지속된 천주교 최대 규모 박해인 병인박해가 전개되면서 전국적으로 수많은 순교자가 생겼다. 광주유수부에서도 1866년 1월부터 판관 정기명의 주도 아래 오가작통법조선시대에 5가구를 1통으로 묶어 서로 도망가는 것을 감시하는 제도에 따라 수많은 천주교 신자들이 색출되어 처형되었다.

천주교 성지가 있는 퇴촌면 우산리

『중정남한지』에 의하면, 퇴촌이라는 마을 이름이 생기게 된 유래는 고려 말부터라고 한다.

고려가 망하게 되자 왕씨王氏와 백씨白氏 성을 가진 상서尙書, 고려 시대 정3품 문관 벼슬두 사람이 조정에서 물러나 이곳에서 살게 되었다. 그들은 지붕을 맞대고 이웃이 되어 지내며 살구나무를 수백 그루 심었다. 그래서 그 당시 마을 이름을 '상서동' 또는 '행방杏坊'이라 불렀다. 그리고 상서 두 사람이 이곳에 퇴촌하여 살았다고 하여 '퇴촌退村'이라는 고을 이름이 생겼다고 전해지고 있다.

또 다른 이야기는, 조선 초기 개국공신이며 조선 3대 임금인 태종의 총애를 받았던 한산군 조영무가 늙고 병들어 정계를 은퇴한 후, 광주 동쪽 마을인 광동리光東里로 와서 말년을 보내면서 자신의 호號를 '퇴촌退村'이라 하였다고 한다. 그 후 그의 호가 면面 이름이 되었다는 얘기도 있다.

천진암이 있는 퇴촌면 우산리는 조선시대에 상우산동上牛山洞, 하우산동下牛山洞으로 행정구역이 둘로 나누어진 마을이었으나, 1914년 일제 강점기에 행정구역을 통폐합하면서 우산리가 되었다. 이 마을 주위를 산이 둘러싸고 있는데, 산 모양이 마치 소가 드러누워 있는 것처럼 보인다고 하여 '우산牛山'이라는 마을 이름이 생겼다.

천진암 앞쪽에는 소미 마을이 있다. 주산主山의 봉우리는 '앵자봉

667m'이며 그 산을 '소산牛山'이라고 한다. 이 산 밑에 있는 마을 경치가 아름답다 하여 '소미'라고 불렀다. 앵자봉 주위에는 여러 개의 암자가 있었는데, 이곳에서 실학자이면서 천주학을 연구하는 학자들이 기거하였다고 한다. 그 중에서 가장 큰 암자가 천진암이었다. 천진암 바로 아래큰 절 밑에 있는 마을이라 하여 '절골'이라는 이름을 지닌 마을이 지금도 있다.

사. 신익희와 최은희를 길러 낸 초월읍 서하리

해공 신익희

신익희는 독립운동가·계몽운동가·건국운동가·정치가로서 다채로운 삶을 살았다. 광주시 남한산성면 엄미리 산에 추모비가 있고, 경기도 남한산성 세계유산센터 옆 중앙주차장에 기념비가 세워져 있다.

그는 1894년 6월 6일 초월읍 서하리 속칭 사마루 아랫마을에서 평산 신 씨平山 申氏 6남1녀 중 막내아들로 태어났다. 임진왜란 때 충주 탄금대에서 왜병과 싸우다 순절한 신립 장군의 12대손孫이며, 본관은 평산平山, 이명異名, 다르게 부르는 이름은 왕방평王邦平, 호는 해공海公이다.

신익희가 태어났던 때는 동학東學 농민운동과 청·일 전쟁 등으로 나라 안팎이 시끄럽던 시기였다. 아버지 신단申檀은 환갑이 지난 노인이었고, 어머니 동래 정씨 정경랑鄭敬娘은 경남 김해에서 태어나 경기도 양평에서 자란 후 젊은 나이에 신익희 선생의 아버지인 신단에게 시집왔다.

신익희의 형제로는 보희輔熙, 규희揆熙, 필희弼熙, 정희庭熙, 재희宰熙, 익희翼熙 등 6형제와 1녀가 있다. 신익희 선생은 아버지 신단이 첫째 부인이 죽은 후 새로 장가를 들어 63세에 얻은 막내아들이었다. 신익희는 인생의 황혼기를 보내고 있던 부친의 사랑을 담뿍 받으며 어린 시절을 보냈다.

신익희가 살던 집은 모두 32칸 큰 저택으로 1810년에 공사를 시작해 1811년 윤3월에 안채 10칸 반, 사랑채 6칸 반, 뒤 사랑채 5칸, 부속 건물로 마구간 1칸, 창고 2칸, 대문간 1칸, 변소 1칸, 뒷채 5칸 등으로 지었다. 안채와 사랑채만 기와집이고 나머지는 모두 초가집이다. 원래 이 집은 신익희의 증조부인 신현이 1804년 강원 감사로 있을 때 구해 놓은 목재로 지은 집이라고 한다.

신익희는 어린 시절 사랑채에서 지냈는데, 겨울에는 오른쪽 방을 쓰고, 여름에는 왼쪽 쪽마루 방에서 글을 읽으며 원기를 길렀고, 온 집안을 휘젓고 다니면서 집안사람들의 사랑을 받았다.

신익희 선생이 태어난 광주시 초월읍 서하리에 있는 평산 신씨 집안은 대대로 벼슬이 끊이지 않고 내려온 명문 가문이었다. 그래서 광주 일대에서 신익희 집안은 '잠영세족簪纓世族'이니 '서향세가書香世家, 책의 향기가 나는 집안'이니 하는 영예로운 별칭으로 불리고 있었다.

한성관립외국어학교 영어과를 졸업한 선생은 1913년 일본에 유학하여 1916년 와세다 대학 정경학부를 졸업하였다. 선생이 대학에 다

닐 때 여러 조선 학생단체들은 '조선유학생학우회'라는 하나의 단체로 통합되었다.

귀국 후에 신익희는 동명강습소를 설립하여 개화사상을 가르쳤다. 1919년 김시학, 윤치호, 이상재, 이승훈 등과 함께 「독립선언서」를 작성해 민중봉기 할 것을 협의한 후 북경, 남경, 상해 등지를 돌며 뜻을 같이하는 사람들을 모았다.

3·1 운동 참여 후에는 상해로 망명하여 광복될 때까지 26년간 상해임시정부를 지켰다. 임시정부의 초대 대의원과 초대 내무차관을 지냈으며, 그 후 내무총장, 법무총장, 문교부장, 외무부장 등 요직을 두루 맡았고, 국무원 비서실장과 의정원 부의장을 겸임했다.

제헌국회에 진출한 선생은 초대 국회의장이었던 이승만의 뒤를 이어 국회의장이 되었다. 1947년 대한국민당을 결성하여 최고의원이 되었으며, 1949년 한국민주당과 합당해 만든 민주국민당의 위원장으로 선출되었다.

1956년 야당의 대통령 후보로 출마하였으나, 그해 5월 5일 호남지방에서의 유세를 위해 전주로 가던 기차 안에서 사망했다. 5월 23일 국민장으로 장례를 치른 후 서울 강북구 우이동에 안장되었으며, 1962년 건국훈장 대한민국장을 추서 받았다.

영화배우 최은희崔銀姬

1926년 11월 20일 경기도 광주시 초월읍 지월리 못골현재 SRC삼육재활병원 위쪽 마을에서 태어나 2018년 4월 16일 서울시 강서구 화곡동 자택에서 93세에 사망했다.

1942년 「청춘극장」이란 연극으로 처음 데뷔했으며, 1947년 「새로운 맹서」란 영화를 통해 영화배우 생활을 시작했다. 배우로서 최고의 전성기를 누리던 시기에 영화 촬영감독 김학성과 결혼했다가 짧은 결혼 생활을 접고 이혼했으며, 1953년 영화감독 신상옥과 재혼하며 세상의 눈길을 끌었다.

최은희의 인생은 한 편의 드라마 같았다. 전쟁을 겪으면서 살아남아야 했고, 어둡고 암울한 여건에서도 영화를 찍고, 제작하기 위해 안간힘을 썼다. 북한으로 납북된 후, 자유를 찾아 다시 장벽을 넘는 인생 여정의 대서사시를 쓰기도 했다. 영화 「사랑방 손님과 어머니」, 「성춘향」에서 보여준 다소곳한 이미지는 영화배우로서의 그녀를 동양적인 아름다움으로 더욱 돋보이게 했다.

그러나 그녀는 부드러움 너머 누구보다 강인한 심성을 가진 여성이었다. 그 강인함은 연극과 영화를 위한 의지이고, 두려움 없는 도전이며, 자유를 향한 꺼지지 않는 열정이었다.

한국 전쟁 당시 심영과 황철에게 납치되어 북한으로 끌려갔다가 바로 탈북했는데, 1978년 1월 14일 홍콩에서 북한 김정일의 지시를 받은 공작원에 의해 또다시 북한으로 납치되어 가는 신세가 되었다.

남편 신상옥은 그녀의 행방을 찾기 위해 홍콩으로 갔다가 같은 해 7월 19일 역시 납북되었다. 납북된 이후 약 8년 동안 부부는 북한에서 영화 활동을 하면서 영화 17편을 제작했다.

그리고 1986년 3월 13일 오스트리아 빈에 머물던 중에 오스트리아

주재 미국 대사관으로 탈출, 탈북에 성공한 후에는 한동안 미국에서 살다가 귀국했다.

신익희, 최은희를 길러낸 초월읍

초월읍草月邑은 광주시 한가운데 있다. 초월읍草月邑이라는 지명地名은 자연과 달月이 어우러진다는 뜻을 갖고 있다. '초草'는 풀, 자연을 뜻하며, '월月'은 무갑산 정상에 달이 떠오르는 정경을 바라보며 지어진 것이라고 옛 어른들은 말씀하신다.

초월읍은 예로부터 나무와 풀이 무성하게 잘 자라고, 땅이 기름지고 물이 풍부하여 농사가 잘되고 풍요로운 생활을 하여 왔다고 한다.

초월 지명地名에 관한 또 다른 이야기는 초월읍의 지형이 마치 초승달 모양으로 생겨서 처음에는 초승달을 뜻하는 초월初月이었다가 지금 불리고 있는 '초월草月'로 바뀌었다고 한다.

초월읍에는 산이 많지만, 농사를 지을 수 있는 농경지도 많고 농사를 지을 때 필요한 농업용수도 풍부해 광주시에서 가장 넓은 벼농사 지대가 있었다. 쌀, 보리 등 주된 곡식 농사외에 양잠養蠶을 많이 하였고, 인삼재배도 활발하였다.

곤지암천昆池岩川은 도척 읍내를 지나 초월읍을 동서東西로 나누어 남에서 북으로 흐리고 있다. 그리고 지월리池月里, 현재 SRC삼육재활병원 옆에서 경안천과 하나로 합쳐져 팔당호로 흘러들어간다.

초월읍은 대쌍령리와 산이리, 지월리 등지에서 구석기시대 유물이 출토됨에 따라 구석기시대부터 사람이 살기 시작한 것으로 추정하고 있다.

광주시의 다른 읍면邑面과 마찬가지로 초월읍에서도 조선백자 도요지陶窯地, 질그릇을 만들기 위해 만든 가마터가 많았다. 무갑리에 24곳, 선동리에 7곳, 지월리에 4곳, 학동리에는 16곳이 발굴되었다.

이는 조선시대 사옹원司饔院, 조선시대 궁중이나 사대부 집안에서 사용하는 그릇을 만들고 관리하는 관청의 분원分院이 초월읍에서 가까운 남종면 분원리에 있었기 때문에 가마를 옮겨 가면서 백자白磁를 생산한 것으로 보인다.

초월읍 선동리 백자 가마터1640~1649, 이화여자대학교 박물관 발굴조사 _ 경기도 광주시 홈페이지

초월읍 행정구역은 1904년고종 8년 광주부光州府가 광주군으로 개편될 때 초월면은 28개 동리洞里였다. 그러나 일제 강점기인 1914년 대대적으로 행정구역을 개편하면서 15개 법정리法定里로 지정되었다가, 1973년 상번천리와 하번천리를 중부면현재 남한산성면에 편입시키고, 신대리를 실촌면현재 곤지암읍으로 편입시키며 조선시대 28개 동리洞里가 현재 12개 법정리로 남았다.

초월읍 면사무소는 늑현리勒峴里에 있었으나, 1931년 지금의 대쌍령리로 옮겨오게 되었다. 1956년 지방자치가 실시되면서 그해 8월 면장과 면의회의원을 선출하는 선거가 있었다.

양평시

하남시

성남시

여주시

용인시

이천시

남종면

이벽 묘소

퇴촌면

남한산성면

안정복 묘소

신익회 생가

정뢰경 묘소

허난허설 묘

탄벌동

광주 시청

맹사성 묘소

송정동

정충량 묘소

쌍령동

초월읍

경안동

광남1동

최은희 출생지

이종훈 출생지

광남2동

이양중 묘소

신현동

오포1동

오포2동

신립 묘소

곤지암읍

능평동

도척면

2부

이양중 고려의 마지막 충신

맹사성 세종을 올바른 길로 이끈 스승

허난설헌 조선 최초의 베스트셀러 시인

신립 장군 이탕개의 난을 평정한 북벌 호랑이

정충량 기묘사화 때 목숨 걸고 직언을 한 선비

정뇌경 청나라까지 자원해 따라간 소현세자의 스승

이양중 – 고려의 마지막 충신 –

하영호

이양중 선생 영정

"여보게 석탄, 나를 좀 도와주게. 자네라면 한성 부윤현재 서울시장 자리을 맡아 누구보다 일을 잘해낼 수 있을 거라고 생각하네."

"마마, 그렇게 할 수 없으니, 영을 거두어주십시오."

조선 3대 임금 태종 이방원과 그의 절친인 석탄공 이양중이 주고받은 대화이다.

태종 이방원은 조선을 건국한 태조 이성계의 다섯째 아들로 어려서부터 남달리 총명해 아버지인 태조의 관심과 기대 속에 자랐다. 유학에 심취해 문무를 겸비하였으며 17세가 되던 1383년우왕 9년에 문과에 급제했다.

태조 이성계는 무인 집안에 학자가 한 명쯤은 있으면 좋겠다고 생각했다. 그래서 방원에게 특별히 학식이 높은 선생님을 붙여주고 여러 학식 있는 선비들과 교류할 수 있도록 자리를 마련해 주었다.

그런데 방원은 글만 읽는 유생은 아니었다. 무예에도 뛰어났으며, 목표를 세우면 반드시 이루고야 마는 강인한 추진력을 갖고 있었다. 그에게는 아버지 못지않은 무인의 기질과 아버지보다 더 큰 야망을 품고 있었다.

태종 이방원은 조선 건국에 걸림돌로 작용한 고려의 충신 정몽주 선생을 개성 선죽교에서 자신의 손으로 죽였지만, 그의 지식과 인품에 늘 존경을 표하곤 했다.

그는 조선 건국 과정에서 많은 선비들을 죽였고, 왕위에 오르는 과정에서 제1차 왕자의 난, 제2차 왕자의 난으로 형제들을 없애야 했다. 왕위에 오른 다음에도 왕권 강화를 위해 또다시 죽음의 숙청을 단행했다.

이렇듯 많은 인재를 죽여야만 했던 이방원은 조선의 세 번째 임금이 되면서 자신을 진심으로 도와줄 인재를 찾기 시작했다. 그러나 사리사욕 없이 청렴하고 믿음직스러우며 자신과 함께 운명을 책임질 충실한 신하를 찾는 것은 쉬운 일이 아니었다. 마음에 드는 인물을 찾을 수가 없었다.

이방원은 하는 수 없이 벼슬을 버리고 낙향해 있는 이양중을 평복차림으로 직접 찾아갔다. 어릴 적부터 가까이 지낸 친구 이양중이 유능하고 정직하며, 성실한 사람이라는 것을 익히 잘 알고 있었기 때문이다.

사람들은 대부분 권력이 있는 높은 자리를 차지하기 위해 서로 경쟁을 하곤 하는데, 한성판윤서울시장이라는 자리를 주겠다는데도 사양을 하다니! 그가 바로 정몽주 선생과 함께 새로운 나라 조선에서 벼슬을 할 수 없다며 끝까지 사양한 이양중 선생이다.

고려 말의 혼란한 상황과 조선의 건국

이양중과 태종 이방원은 목은 이색李穡과 운곡 원천석元天錫 문하에서 학문을 닦았다. 원천석은 학문이 뛰어나 이름을 널리 떨친 유명한 학자로 정평이 있는 분이었다. 그는 개경에서 이양중과 이방원, 길재 등 수많은 인재들을 가르쳤다. 그의 제자 중에는 과거에 급제한 사람들이 많았는데, 그 중 대표적인 인물이 이방원과 이양중이다.

원천석은 벼슬자리에 연연하지 않는 인물로 고려 말까지 개경에서 후학들을 가르치다가 나라가 어지러워지자 고향인 강원도 원주 치악산 밑으로 낙향하여 학문 탐구와 후학 양성에만 전념했던 분이다.

이양중이 관직에 나아가 여러 일을 맡게 되었을 때 고려는 참으로 혼란스러운 시기였다. 공민왕이 갑작스레 세상을 떠나자 수구주의자와 개혁주의자로 나뉘어 제각기 세력을 다투고 있었다. 수구주의자의 대표적인 인물은 이인임과 최영 장군이고, 온건적인 개혁주의자는 포은 정몽주, 급진적인 개혁주의자는 삼봉 정도전을 꼽을 수 있을 것이다.

이양중 선생 사당, 고덕재 _ 경기도 광주시 홈페이지

'황금을 보기를 돌같이 하라'는 격언을 남길 정도로 청렴했던 최영 장군은 자신의 신념대로 기울어져가는 고려를 붙들어 세우려고 애썼으나, 이인임은 자신의 힘과 배경을 이용해 고려 조정을 손아귀에 넣고 주무르고 있었다.

이인임의 권력에 대한 농간은 날로 심해졌고 우왕은 최영 장군을 불러 이인임을 제거할 것을 명한다. 이때 최영 장군이 이인임을 제거하는데 동참하기를 청한 사람이 바로 이성계였다.

평소에 이인임은 최영 장군에게, '이성계는 왕이 되려고 할 자이니 경계해야 한다.'고 경고를 해왔었다. 그러나 최영 장군에게 이성계는 오랫동안 전장에서 생사고락을 함께 한 전우이며 동지였다. 무엇보다 이성계는 북방의 말갈족과 거란족을 물리친 용맹한 장수였다.

그런 이성계가 고려 우왕 때 명나라를 공격하기 위해 길을 나섰다가 압록강 근처에 있는 작은 섬 위화도에서 말머리를 돌려 군사를 이끌고 한양으로 내려온 것이다. 이 사건을 '위화도 회군'이라고 한다.

이성계 장군은 무슨 이유로 말머리를 돌려 위화도 회군을 하였는지 잠시 살펴보자.

이성계가 내건 위화도 회군의 이유는 네 가지였다. '첫째, 작은 나라가 큰 나라를 치는 것은 불가능하다. 둘째, 농번기에 군사를 동원하는 것은 무리이다. 셋째, 명나라를 치는 사이 남쪽의 왜놈들이 쳐들어올 수 있다. 넷째, 장마철이라 활의 아교가 녹아 활을 쏠 수 없고, 전염병이 돌아 불가능하다.'고 했다.

이렇게 위화도 회군을 단행한 이성계는 군사를 이끌고 곧장 한양으로 내려와 왕실을 장악하고 고려를 무너뜨렸다. 그리고 개국을 준비하며 많은 고려의 충신들을 죽이고 조선이라는 새로운 왕조를 탄생시킨다. 그 때 세상을 떠난 고려의 충신 중에 포은 정몽주가 대표적인 인물이며, 광주 출신으로 끝까지 고려의 충신으로 남았던 인물이 석탄공 이양중이다.

친구 이방원

이양중은 고려 말 조선 초의 학자, 문신이며 본관은 광주廣州, 자字는 자정子精, 호는 석탄石灘이다. 고려 수절신高麗 守節臣, 끝까지 고려에 대한 충절을 지킨 신하 중 한 사람으로 태종 이방원과는 어려서부터 아주 가까운 친구였다고 한다. 출생지나 돌아가신 날짜는 알려지지 않고 있다. 이양중은 고려 말에 형조참의刑曹參議를 지냈으나, 조선이 개국한 후에는 고려 왕조에 대한 절개를 지키기 위해 벼슬을 하지 않고 자연을 벗하며 학문에 힘썼다고 한다.

이양중과 그의 동생 이양몽 두 형제가 벼슬을 버리고 산골로 들어와 살았다. 사람들은 그들 형제가 살던 뒷산의 이름을 고지봉高志峰, 높을 고, 뜻 지, 산봉우리 봉이라 하고, 마을의 이름을 고덕리高德里, 높을 고, 덕 덕, 마을 리라고 부른다. 옛날에는 광주군 구천면이었지만, 지금은 서울시 강동구 고덕동高德洞이 되었다.

태종 이방원은 조선의 3대 왕위에 오른 후, 평민의 옷으로 갈아입고 이양중이 사는 집을 찾았다. 그러나 이양중은 낚시를 하러 간 터라 집에 없었다. 하인이 한강 기슭에서 낚시를 하고 있는 이양중에게 달려가 태종의 방문을 알렸다.

이양중은 소박한 차림새로 태종에게 자신이 손수 빚은 술과 직접 잡은 물고기를 안주로 대접하며, 말없이 거문고를 탔다. 태종 이방원도 묵묵히 술잔을 기울이며 젊은 날 함께 했던 추억에 관해 이야기를 나눴다.

태종은 이양중에게 출사出仕하라는 말을 하지는 않았다. 이양중도 조선 조정에 출사하지 않는 것이 불충不忠인지 알지만, 용서를 구하지는 않았다. 이방원은 이양중이 불사이군不事二君의 절개를 쉽게 굽히지 않을 사람이란 것을 잘 알고 있었다.

서로의 마음을 누구보다 잘 알고 있는 두 사람의 대화를 역사적 사실을 기록한 책에서는 이렇게 적어놓았다.

> 태종이 이양중이 살고 있는 광주로 찾아와 가로되,
> 그대가 어찌 옛날 우정을 잊었는가?
> 옛적에 광주 황제와 엄자능의 우의를 보라.
> 이에 이양중이 말하길,
> 엄자능이 아니면 어찌 광주 황제의 이름이 높았으며
> 광주 황제가 아니면 엄자능의 굳은 뜻을 알았으리요.
> 태종이 이르길,
> 한나라 왕도 정치는 모두 우정에 있지 아니 했는가.
> 석탄이 한참 후에 답을 올리기를,
> 옛날 우정이 아니면 어찌 오늘의 대작이 있으리오.

태종은 평민 복장으로 이양중이 은거하는 시골 마을 광주현재 서울시 강동구 고덕동를 여러 차례 찾았다. 이양중의 마음을 누구보다 잘 알고 있는 이방원이었지만, 나라 운영을 위해서는 이양중 같은 사람이 절실히 필요했기 때문이다.

이양중은 변함없이 소박한 차림새로 태종을 맞았다.

"자네라면 나를 진심으로 도와 나라를 안정시킬 수 있는 사람이라고 생각하네, 그러니 부디 내 제안을 사양 말게."라고 태종 이방원이 말을 꺼냈다.

"마마의 뜻은 알 만합니다. 마마의 심중도 짐작할 수 있습니다. 소인을 옛 친구로 대해 주시니 송구하옵니다. 그러나 고려가 부패하고 무능했다면 그것을 고쳐 나라를 평안케 함이 신하로서 해야 할 도리인데, 왕좌를 뺏고 나라를 없애고 다시 새로운 나라를 만들었다고 백성들이 편안한 바가 무엇인가요? 상왕여기서는 태조 이성계를 뜻함 자식들 간에 왕권 싸움으로 피를 흘리고 상왕 자신도 피난민이 되어 있는 현실은 고려 말과 비교해 무엇이 달라졌는가요? 저희 집안은 대대로 고려 왕조를 받들고 살아온 집안으로 새로운 나라에 기대어 벼슬을 한다면 자식들에게 군자의 도리를 어찌 가르칠 수 있단 말입니까?"라며 이양중은 이방원의 제안을 정중히 사양했다.

"어허 석탄, 이 자리에서만은 마마라는 말은 쓰지 말게. 평범한 평민과 다름없으니 옛날과 같이 유덕遺德, 이방원의 자이라 불러주게. 오늘만은 나도 해방되고 싶네, 그런 얘기는 그만하고 우리 밤새 술이나 마시기로 하세." 태종 이방원은 이렇게 아쉬운 마음을 달랠 수밖에 없었다.

두 사람은 냇가왕숙천王宿川, 현재 서울시 강동구에 있는 하천, '임금이 밤새 머물다 간 곳'이란 뜻 자갈밭에 천막을 치고 밤새 이야기를 나누곤 했다.

이양중은 한성부윤 자리를 끝까지 사양했다. 고려에 대해 충절을 지키려는 이양중의 마음을 태종도 알고 있었고. 그의 뜻을 존중했으므로 억지로 꺾을 수가 없었다. 어릴 적 함께 공부하고 놀던 얘기를 나누며 밤을 지새우고 날이 밝자 이방원은 궁궐로 돌아갔다.

이양중에게 벌을 주어야 합니다

"전하, 어제 이양중과 이양몽을 만나신 결과가 궁금하여 여쭙니다."

"음, 그들의 마음은 돌이킬 수 없었네. 이제 경들이나 이 나라 억조창생을 위해 짐을 도와주시기 바라오."

궁궐로 돌아온 태종 이방원이 이양중과 만나 나눈 이야기를 신하들에게 전하니, 신하들은 일제히 목소리를 높여 말했다.

"성은이 망극하옵니다. 하오나 이양중, 이양몽 형제는 전하께서 직접 찾아가 만났음에도 전하의 명을 거역함은 대역의 죄인 줄로 압니다. 그들을 살려두면 후환이 있을까 두렵습니다. 잡아서 능지처참하는 것이 옳은 줄로 압니다. 부디 통촉하여 주시옵소서!"

그러나 태종 이방원은, 신하들의 뜻을 따르지 않았다.

"아니다. 상왕태조 이성계를 말함께서도 고려 왕조를 무너뜨리시고 새로운 나라를 세우실 때 많은 인재를 없앴음을 후회하셨느니라. 공연히 민심을 어지럽힘이 없도록 하라. 그리고 이양중은 나의 막역지우거짓이 없고 허물이 없는 가까운 친구를 말함로 그 덕이 고매한 자이니, 나를 직접 돕지 못한다 하더라도 나라를 어지럽히는 일은 하지 않을 자이다. 그대로 편히 살도록 하는 것이 좋으니 명심하기 바라노라. 왕에게도 신하 노릇을 안 하는 친구가 있느니라."라며 엄히 명하니 다시는 이양중 형제를 벌주어야 한다고 말하는 신하가 없었다.

한편 태종 이방원이 돌아간 후 동생 이양몽이 이양중에게 말했다.
"형님, 아무래도 뒷날이 걱정됩니다."
"설마 우리 형제에게 무슨 일이 있겠는가?"라고 이양중은 답했다.
"아닙니다. 태종 이방원은 성질이 포악한 자입니다. 선죽교에서 포은 정몽주 선생을 죽인 일을 보더라도 그가 무슨 짓을 할지 모르니, 더 먼 곳으로 도망가 숨어 사는 것이 조상들께 잘못을 저지르지 않는 것이라 생각합니다." 동생 이양몽은 먼저 짐을 꾸려 길을 나섰다.

태종은 거문고를 만들어 거문고 등 위에 친필로 시를 써서 이양중에게 보냈다. 그 글의 뜻은 이러하다.
'술 석 잔과 거문고 한 곡조를 타니 부춘산천년富春山千年에 엄자릉 같은 굳은 지조를 굴복시키지 못하리로다.' 친구를 존경하는 마음을 이렇게 표현한 것이다.
태종은 이양중의 큰아들 우생遇生에게 사온주부司醞主簿, 왕의 명령을 전달하고, 국가의 문서를 관리하는 일라는 벼슬을 내려 그를 곁에 두어 친구와의 우정을 계속 지켜나갔다.

동생 이양몽과 형 이양중이 처음에 살던 곳은 수리골현재 서울시 강동구 고덕동이었지만, 먼저 길을 떠난 이양몽은 원적산현재 광주시 곤지암읍 이선리으로 피신하여 살고, 형 이양중은 수리골에서 계속 살다가 돌아가셨다.

이후 이양중이 살던 수리골서울시 강동구 고덕동에 건물들이 들어서게 되자 산소를 옮겨야 했다. 옮긴 곳은 광주시 초월읍 선동리이다. 동생 이양몽의 묘소는 그가 숨어 살던 원적산 아래 광주시 곤지암읍 이선리에 있는데, 그곳에는 지금도 그의 후손들이 모여서 살고 있다.

이양중과 광주와의 인연

고려가 멸망한 후 태조 이성계가 조선을 건국하게 되자 이양중과 이양몽 형제는 벼슬을 버리고 광주시 동북쪽 한강변 기슭 석탄돌 여울이란 뜻 산골로 들어와 살았다. 이 두 형제가 살았던 조선시대에는 서울시 강동구도 광주군의 땅이었다.

서울시 강동구 고덕동의 옛 지명은, 조선시대에는 광주군 구천면과 중대면에 속해 있었다. 고덕동이라는 이름은, 이양중과 그의 동생 이양몽 두 사람이 조선 건국을 반대하여 이곳에 와서 숨어 살며 벼슬 제의도 거절하는 곧은 절개를 지켜 주위로부터 덕이 높은 인물로 추앙받았던 데서 유래되었다.

1667년현종 8년에 광주 지역 유림들의 뜻을 따라 이집, 이양중, 정성근, 정엽, 오윤겸, 임숙영 등의 학문과 덕행을 추모하기 위해 서원을 세웠다. 그리고 1697년숙종 23년에 구암서원龜巖書院이라는 이름을 지어 그것을 새긴 편액扁額을 내렸다. 그러나 흥선대원군의 서원 철폐 령으로 훼철되었고, 6·25 전쟁으로 소실되어 현재는 터만 남아있다.

이양중의 묘소가 처음 있던 곳은 동부면 덕풍리였으나, 도시 개발로 인해 광주시 초월읍 신월리 무갑산 아래에 모시게 되었다.

이양중의 묘 주변에는 광주 이 씨들의 산소가 잘 정돈되어 있으며, 위로 올라가 바라보면 중부고속도로와 쌍령동 쪽에 있는 국수봉 자락이 시원하게 보여 눈이 맑아지는 것 같다.

이양중 선생 묘소에서 바라본 광주시 초월읍

맹사성 – 세종을 올바른 길로 이끈 스승 –

하영호

맹사성 영정

맹사성 대감은 조선의 청백리_{청렴하고 결백한 선비}로 황희 정승과 함께 세종대왕 때 널리 이름이 알려진 분이다. 그런데 맹사성이라는 이름은커녕 묘소가 경기도 광주시 직동에 있다는 것조차 잘 모르고 있는 것 같아 안타깝다.

조선에서 세 번째로 높은 좌의정이라는 관직에 있었으면서도 그는 한결같이 청렴하고 꾸밈없이 살았다. 자신을 찾아오는 사람들을 맞이할 때는 지위고하를 막론하고 항상 대문 밖에서 맞이하고, 집안으로 들어오면 항상 손님을 윗자리에 앉게 했다. 손님이 가실 때에도 대문 밖에서 배웅하고, 말을 타거나 가마에 오르고 난 후에야 집안으로 들어왔다. 이렇듯이 맹사성 대감은 자신의 지위를 과시하지 않고, 상대를 먼저 생각하는 참으로 겸손한 분이었다.

맹사성 대감은 한평생 청렴한 선비로 살며, 뇌물을 받아 쌓아두지 않았으므로 후손들에게 이렇다 할 재물을 남겨놓지 않았다. 그 흔한 자서전이나 문집조차 남기지 않았으므로 청렴했던 맹사성 대감의 관직 생활은 조선왕조실록의 기록과 구전으로 전해져 내려오고 있다. 그중 처음 관직 생활을 시작하면서 겪은 이야기를 소개한다.

차 한 잔의 가르침

맹사성이 19세에 장원급제하여 처음 부임한 곳이 파주 군수였다. 자신감과 자만심으로 가득한 청년 맹사성은 인근에 있는 노스님을 찾아가 물었다.

"어떻게 하면 고을을 잘 다스릴 수 있는지요?"

"나쁜 일을 하지 않고 좋은 일만 하면 됩니다."

"그건 삼척동자도 다 아는 말 아닌지요?"

스님의 대답이 만족스럽지 않았던 맹사성이 자리에서 일어서 나가려고 했다.

"어린아이도 다 알지만, 실천에 옮기는 것은 팔십 노인도 어려운 일이지요. 이왕 오셨으니 차나 한잔 하고 가십시오."

스님이 찻잔에 차를 따르는데, 찻물이 넘쳐 방바닥으로 흐르고 있었다.

"스님, 찻물이 넘쳐 바닥을 다 적시고 있습니다."

"찻물이 넘쳐 방바닥을 적시는 것은 알고, 재주가 넘쳐 인격을 망치는 것은 어찌 모르십니까?"

스님이 하시는 말씀을 듣고 맹사성이 너무 부끄러워 황급히 일어나 방을 나오다가 문틀에 머리를 부딪쳤다.

"항상 몸을 낮추면 부딪칠 일이 없습니다."

스님은 자신의 지식을 뽐내고 싶어하는 젊은 맹사성에게 겸손의 의미를 일깨워 주었다.

그 후 맹사성은 자만심을 버리고 항상 자신을 낮추며 상대의 지위를 따지지 않고 겸손하게 대했으며, 물질에 욕심을 내지 않는 청백리로 후대에 이름을 남긴 정승이 되었다. 맹사성은 시와 문장에도 뛰어났으며, 음악을 좋아하고 마음이 어질고 너그러운 사람이었다.

고려 말 명문가 집안

맹사성孟思誠, 1360~1438은 고려 말과 조선 초기에 활동한 양반 관료였다. 고려 때 문과에 장원으로 급제하여 벼슬을 한 후, 조선 왕조에 들어와 태종과 세종에 의해 좌의정을 맡아 일했다.

그는 세종을 도와 우리 역사에 오래도록 기억될 만한 찬란한 문화적 업적을 쌓는데 힘을 보탰다. '일인지하, 만인지상'의 자리라는 재상으로 있으면서도 검소하고 청빈하게 생활해 조선의 대표적인 청백리로 꼽힌다.

청백리 맹정승에 관한 수많은 일화가 각종 문헌에 기록되어 있거나 사람들 사이에 전해져오고 있다. 청백리 재상으로서 우리 문화 특히, 우리 고유 음악에 위대한 업적을 남겼다.

맹사성의 본관은 신창 맹씨다. 신창 맹씨는 중국 공자의 제자인 맹자의 40대 손인 맹승훈이 당나라 말에 신라로 건너와 신창에 정착한 것이 시초다.

맹사성의 할아버지 맹유는 고려 충목왕1337~1348대에 문과에 급제하여 순창군수를 거쳐 공민왕 대에 이부상서를 지내셨다.

아버지 맹희도는 공민왕 대에 28세의 나이로 문과에 급제하여 한림과 어사를 거쳐 검교 한성윤, 수문전 제학 등을 차례로 역임했다. 맹희도는 문장이 뛰어났고, 경전에도 풍부한 지식을 갖춘 대학자로 포은 정몽주와 절친한 친구 사이였으며, 최영 장군과는 사돈 관계였다.

이성계가 위화도에서 회군하여 반대파의 수장인 최영 장군을 제거하고 역성혁명이 일어날 무렵, 최영 장군과 사돈 관계였던 할아버지 맹유는 스스로 목숨을 끊고 만다.

맹희도는 부친상을 당해 3년간 시묘 생활을 한 후 온양으로 이사했다. 맹희도는 효성이 지극한 인물로 고려 공양왕과 조선 태조에게서 두 차례나 효자 정려를 받았다.

이성계의 역성혁명을 통해 조선이 개국되고 난 후 태종과 권근은 여러 차례 맹희도에게 은거 생활을 접고 관직에 나갈 것을 권고했지만, 모두 물리치고 온양에서 살면서 고려에 대한 충절을 끝까지 지켰다.

그러나 아들 맹사성에게는 조선 왕조에 나가 벼슬을 하는 것을 허락했다. 맹희도는 조선 왕조에서 벼슬을 하는 아들 맹사성이 고향인 온양에 올 때마다 직접 호미를 들고 농사일을 시키는 등, 백성들의 고된 삶을 무언으로 가르쳤다.

맹사성은 아버지의 가르침대로 관직 생활 중에 고향에 내려오면 늘 농사를 지었다. 나랏일을 의논하러 그를 찾아온 관리들도 농사를 짓고 있는 맹사성을 보면, 함께 논으로 들어가 일을 하고 난 후 나랏일을 의논했다고 한다.

맹사성은 누구인가

맹사성孟思誠, 1360~1438 고려 말~조선 초기의 문신으로, 본관은 신창新昌, 자字는 자명自明·성지誠之, 호號는 동포東浦·고불古佛이다. 맹사성은 고려 말에 수문전제학을 역임한 아버지 맹희도와 어머니는 홍양 조씨 사이에서 장남으로 태어났다. 맹사성의 부인은 창원 최씨로 '황금 보기를 돌같이 하라'고 말씀하신 고려 말 무장武將 최영 장군의 손녀다.

어느 날 최영 장군이 낮잠을 자고 있는데 용 한 마리가 집 앞 배나무를 타고 승천하고 있는 꿈을 꾸었다. 놀라 깨어 밖으로 나가 보니 어린 맹사성이 배나무에 올라 배를 따고 있었다고 한다.

최영이 꾸짖는 척하며 동태를 살피니 보통 아이들처럼 울거나 도망치지 않고 예의를 갖추어 잘못을 고하는 모습을 보며 범상치 않다는 것을 알고 손녀사위로 삼았다고 한다.

그 후 최영이 그 집을 맹사성에게 물려주었는데, 지금 충청남도 아산시에 있는 맹씨 행단孟氏杏壇이 그곳이다. 행단은, 공자가 은행나무 단 위에서 강의를 하며 제자를 가르쳤다는 옛일에서 나온 말로, 학문을 닦는 곳을 뜻한다.

부친 맹희도는 1365년공민왕 14년에 이색李穡이 지공거를 맡아 주관한 과거에서 급제함으로써 이색을 중심으로 함께 공부하는 일원이 되었다. 이색의 문하생이던 권근權近과 동문同門이 되어 함께 공부하며 두 사람은 형제와 같은 절친한 사이가 되었다.

그런 인연으로 맹사성과 그 동생 맹사겸은 모두 권근의 문하에서 학문의 기초를 닦았다. 이후 맹사성은 26세 때인 1386년우왕 12년에 이색이 주관하여 시행한 문과에서 장원으로 급제함으로써 아버지와 마찬가지로 권근과 동문이 되었다.

맹사겸은 2년 후인 1388년창왕 즉위년에 권근이 주관한 과거에서 급제했다. 이처럼 아버지 맹희도와 맹사성, 맹사겸 삼부자는 권근과 매

우 친밀한 관계였는데, 이는 맹사성이 관료로 성장하는데 큰 도움이
되었다.

세종의 든든한 지원군, 황희와 맹사성

관직 생활의 반 이상을 파직과 좌천, 유배 생활로 힘든 삶을 살았
던 맹사성은 이 모든 시련을 자신이 겪고 이겨내야 할 일이라 생각하
고 견뎌 나갔다.

이런 마음은 겸손과 배려로 이어져 '적을 만들지 않는 처세'로 완성
되었다. 청렴하고 정직한 재상이었던 맹사성은 황희와 함께 세종임금
시대의 전성기를 이끌었다.

세종임금의 정치 이념 확립과 행정 부서에 필요한 인재들은 집현
전에서 배출되었지만, 세종에게는 복심의 명재상들이 존재했다. 바로
황희, 맹사성, 윤회, 김종서 등, 훌륭한 대신들이 바로 세종 치세를
빛낸 주인공들이다.

조선 왕조 4대 명재상이라면, 황희, 맹사성, 이원익, 류성룡을 꼽
는다. 이 중 황희와 맹사성이 세종 시대에 있었다는 것은, 그 시대가
얼마나 번성하고 안정된 통치의 시대였는지 말해준다.

황희 정승은 18년간 영의정으로 재직하며 세종의 통치이념을 실천
했고 맹사성 역시 8년간 우의정, 좌의정으로 재직하며 세종의 든든한

버팀목이 되었다.

역사는 두 사람의 역할 분담을 거론하며 이 두 사람을 완벽하게 용인한 세종의 통찰력을 칭찬한다. 황희는 과감하고, 외향적인 성격으로 이조, 병조를 맡아 국사를 돌봤고, 맹사성은 온화하고 문화·예술적 소양이 풍부해 공조, 예조 등을 맡았다. 또 한 명의 재상 윤회는 외교를 전담케 했고, 황희와 맹사성이 적극 추천한 김종서에게는 국방을 맡겨 세종을 완벽하게 보필했다.

조선왕조실록에 기록된 맹사성의 관직생활

1386년우왕 12년 문과에 급제한 맹사성은 춘추관검열에 임명되어 관직을 시작했다. 이후 전의시승 등의 여러 직책을 역임하고, 1392년태조 1년 조선이 건국된 후에는 수원 판관, 면천 군수 등의 지방 수령을 하기도 했다. 다시 조정으로 복위하여 내사사인에 임명되었다.

맹사성은 37세 때인 1396년태조 5년 예조의랑에 임명되었다가 정희계의 시호諡號,벼슬한 사람이나 관직에 있던 선비들이 죽은 뒤에 그 행적에 따라 임금으로부터 받은 이름 문제로 탄핵을 당하게 되었다.

정희계는 고려 말부터 조선 초까지 살았던 문신으로 이성계를 도와 조선 개국에 참여했으며, 개국 공신 1등으로 벼슬을 지낸 사람이었다. 그리고 태조의 왕비인 신덕왕후 강 씨의 조카사위였다.

봉상시제사와 시호에 관한 일을 맡아보던 관아에서 정희계에게 내릴 시호를 의논했는데, 안양安煬·안황安荒·안혹安惑 등을 후보로 정했다. 봉상시에서는 이를 예조에 보고했고, 이는 다시 문하부최고 정무기관인 중앙 관청를 거쳐 태조 이성계에게 보고가 되었다.

태조는 봉상시에서 나라에 공이 큰 정희계의 시호를 후하게 정하지 않은 것을 질책하며 봉상시 관원들을 국문하도록 지시했다. 형조에서는 봉상시의 잘못을 지적하지 않은 책임을 물어 맹사성을 비롯한 예조 관원들을 탄핵했다. 그 결과 맹사성은 조사수 등 예조의 동료 관원들과 함께 파직되었다. 파직 후 3년 정도 관직에서 벗어나 있던 맹사성은 1399년정종 1년 9월경에 우간의대부로 복직되었다. 하지만 복직하자마자 문하부 관원들이 모두 탄핵을 받는 사건이 일어나면서 다시 파직될 위기에 처했다. 그러나 일을 맡은 지 며칠 되지 않았다는 이유로 간신히 파직은 면할 수 있었다.

이후 맹사성은 간의우산기상시, 간의좌산기상시 등을 역임한 다음 외직으로 나가 공주 목사를 거쳐 1403년태종 3년 윤 11월 우사간대부로 복귀하였다. 하지만 이듬해1404년 1월 노비 소유권을 제대로 판정하지 못했다는 이유로 사헌부의 탄핵을 받아 온수로 유배를 갔다.

1405년태종 5년 동부대언으로 복직한 맹사성은 좌부대언을 거쳐 이조참의에 임명되었다. 1407년태종 7년에는 예문관 제학이 되어 명나라에 사행을 가는 세자 양녕대군을 수행하였다.

죽음의 위기에 처한 맹사성

맹사성의 관직 생활은 순탄하지 않았다. 태조의 비 신덕왕후 강 씨가 세상을 떠나자, 왕비와 왕비의 조카사위인 개국 공신 정희계의 시호를 올리게 되었는데, 일을 잘못 처리하는 바람에 태조의 노여움을 사게 되었다. 그 일로 파직을 당한 후 다시 복직을 하게 되긴 했으나, 태종 때에도 맹사성에게 시련은 계속되었다.

민공생 탄핵 사건에 연루된 장서정의 사건 처리를 지연시킨 민공생의 잘못을 지적하는 상소를 올렸다가 공주 목사로 좌천당하기도 했다. 얼마 후 복직하게 되었지만, 이번에는 이거이의 노비소송 문제를 잘못 처리해 온수로 유배를 떠나기도 했다.

맹사성은 한성부윤과 우부빈객을 거쳐 1409년_{태종 9년} 11월. 사헌부 대사헌에 임명되었다. 하지만 대사헌에 임명된 지 한 달 만에 일어난 '조대림 사건'으로 죽음의 위기를 맞게 되었다.

조선 개국 공신 조준에게는 조대림이라는 아들이 있었다. 조대림은 영민하지 못한데다 사리판단 능력도 부족한 사람이었다. 그러나 태종 이방원을 잘 섬긴 덕에 호군의 벼슬에 오르고, 태종의 둘째 딸 경정공주와 혼인하여 부마가 되었다.

조대림 집의 여종 중에 목인해라는 자의 아내가 있었다. 목인해는 간교한 사람으로 아내 덕에 조대림의 집에 자유롭게 드나들 수 있었다. 목인해는 조대림이 어리석은 것을 알고 이를 이용하여 공을 세우고자 했다. 당시 총제 지위에 있던 조대림을 꾀어 군사를 움직이게 한 다음 조대림을 반역자로 고변한 것이다. 목인해의 모함으로 결국 조대림은 국문을 받게 되는데, 국문을 지휘하는 사헌부 대사헌의 총책임자가 바로 맹사성이었다.

조사 결과 이 사건은 목인해가 조작한 것임이 밝혀졌고, 목인해를 능지처사 형으로 처형하는 것으로 사건이 종결되는 듯했다. 그런데 맹사성은 조대림도 잘못한 점이 있으니 목인해의 처형을 잠시 미루고 두 사람을 다시 국문해 주범과 종범을 가릴 것을 주장했다. 그러나 다시 국문한 결과 앞선 조사 결론과 다르지 않았다.

그러자 태종은 '맹사성이 죄가 없는 것이 분명한 조대림을 역모에 연루시키려 한 것은 왕실의 권위를 약화시키려는 의도에서 나온 것' 이라고 하면서 맹사성을 비롯한 대간들을 잡아들이라고 명한다.

태종의 불같은 진노는 대간들에게 쏟아져 피비린내 나는 모진 고문이 시작되었다. 죽음 직전까지 가게 된 대간들은 결국 거짓으로 자백을 하게 되었다.

그것을 보고 태종은, "여봐라, 저들의 죄를 도저히 묵과할 수 없으니, 모두 극형에 처하도록 하라!"고 명했다.

그러자 태종이 왕위에 오를 때 공을 세운 이숙번, 조영무 등이 "사헌부에서 한 일은 언관의 직책이며, 전하의 나라를 위하여 한 일이지 다른 뜻은 추호도 없나이다."라며 맹사성을 구명하기 위해 적극적으로 나섰다. 그 덕분에 맹사성은 장 100대의 형을 받고, 겨우 죽음을 면한 후 한주韓州, 현재 충남 한산로 유배를 가게 되었다.

해가 바뀌어 1409년 1월 1일. 새해 하정례賀正禮, 음력 설날 신하들이 정전에 모여 임금에게 새해 인사를 드리는 의식 자리에서 왕세자인 양녕대군이 태종에게 맹사성을 용서해 달라고 간절히 요청했다.

"아바마마, 부디 스승님을 용서해 주시옵소서. 지난해 명나라에 가서 난관에 부닥쳤을 때, 스승 맹사성이 지혜롭게 일을 잘 처리하였습니다. 그는 성품이 올곧은 사람이라 일을 바로 처리하려 했던 것이지 왕실의 권위를 훼손하려 한 것은 아닙니다."라고 간곡히 용서해 달라고 말씀드렸다.

왕세자의 간곡한 부탁을 들은 태종은 그의 스승 맹사성을 유배에서 풀려나게 했다. 그리고 다음 해 1410년 다시 대사헌 직첩을 주어 신분을 회복시켜주었다.

그러나 맹사성의 시련은 그것으로 끝난 것이 아니었다. 맹사성은 자신의 신분이 회복되던 그해에 장남 맹귀미를 잃는 큰 아픔을 겪어야만 했다. 아들 맹귀미는 조대림 사건 때 죄가 없음에도 불구하고 연좌제로 아버지와 함께 잡혀 들어가 심한 고문을 당한 후 풀려났다.

그런데 10개월 후 맹귀미는 다시 장인 이무의 옥사에 연루되었다는 누명을 쓰고 투옥되었다. 이때도 심한 고문을 받았다. 중신들이 장인과 사위 사이에는 연좌제가 성립되지 않는다고 하자, 태종 이방원은 맹귀미를 풀어주었다.

그러나 맹귀미는 두번씩이나 고문을 당한 후유증으로 그만 죽고 말았다. 아버지 맹사성의 조대림 사건과 장인의 사건으로 고문을 받고 죽었으니, 자식을 잃은 맹사성의 마음이 얼마나 아팠을지 짐작이 된다.

평생을 녹미로 생활한 맹사성

지금의 장관에 해당하는 판서와 부총리에 해당하는 좌의정을 지낸 맹사성 대감은 집이 낡아 빗물이 새어도 집을 새로 지으려 하지 않았다. 그것은 집도 없이 거리를 떠도는 백성들을 생각하면 자신은 매우 부유하다고 생각한 때문이다.

맹사성은 평생 높은 관직에 있으면서도 나라에서 월급으로 주는 녹미만 먹고 살았다. 하물며 집에 손님이 찾아와도 평소 자신이 먹던 그대로 소찬으로 대접하며 평생을 욕심 없이 청렴한 삶을 살았다.

하루는 아내가 밥을 지어 상을 들여왔는데 밥맛이 어제와 달랐다. 이를 이상하게 생각한 맹사성이 아내에게 물었다.

"여보, 밥맛이 어제와 다른 것이 녹미가 아닌 듯하오. 혹시 쌀을 다른 데서 구해 밥을 지은 것이오?"

남편의 물음에 아내는 고개를 숙이며 대답했다.

"녹미에서 냄새가 나고 오래되어 먹지 못하겠기에 옆집에서 빌려 밥을 지은 것입니다."

"나라에 일을 하는 사람이 나라에서 주는 녹미를 먹는 것이 당연한 게 아니겠소? 그런데 어찌 남에게서 빌려왔단 말이오?" 맹사성은 아내의 마음을 충분히 이해는 했지만, 이를 받아들일 수 없었다.

좌의정이라면 나라에서 임금을 제외하면 두 번째로 높은 벼슬이지만 그는 오래되어 냄새나는 녹미로만 밥을 지어 먹을 정도로 청렴하였으며, 평생 부를 축적하지 않았다.

실록을 보는 것은 아니 되옵니다

1430년세종 12년에 맹사성은 황희와 함께 『태종실록太宗實錄』의 감수 임무를 수행하였다. 『태종실록』의 감수는 원래 변계량이 담당했던 것인데, 그가 감수를 마치지 못하고 사망했으므로, 맹사성과 황희가 그 일을 이어받은 것이다.

1431년세종 13년 3월 『태종실록』이 완성되자, 세종은 전대前代 제왕帝王들은 선왕先王의 실록을 직접 보지 않은 경우가 없었다고 하면서 자신도 『태종실록』을 보고 싶다는 뜻을 피력하였다.

이에 대해 맹사성은 반대한다는 뜻을 분명히 밝혔다.

"전하께서 실록을 보게 되면 후대의 왕들도 반드시 이를 전례로 삼아 실록을 볼 것이고 더러는 마음에 들지 않는 내용을 고치려는 경우도 생길 것이며, 그렇게 되면 사관史官이 두려운 마음이 생겨서 사실을 공정하게 기록할 수 없게 될 것입니다."

그 결과 세종은 『태종실록』을 보겠다는 뜻을 굽혔다. 그 후 조선 왕실에서는 세종의 예를 따라 실록을 보겠다는 왕이 없었는데, 연산군 때에 와서 성종실록을 보면서 조선 땅에 피비린내 나는 숙청이 시작되었다. 이것이 연산군에 의해 일어난 무오사화, 갑자사화다.

이후 맹사성은 1431년세종 13년 9월 좌의정으로 승진하였으며, 이듬해 1432년 1월 권진, 윤회, 신장 등과 함께 『세종실록지리지世宗實錄地理志』를 편찬하였다.

뛰어난 음악적 재능

맹사성의 음악적 재능은 이미 태종 때부터 인정받았다. 1411년태종 11년 윤12월 맹사성이 판충주목사判忠州牧使로 외직에 나가게 되었다. 예조에서 이에 반대하며 맹사성을 내직에 두어 정악正樂을 가르치도 록 할 것을 건의했다.

1412년 풍해도관찰사豐海道都觀察使에 제수되었을 때 영의정 하륜이 "다섯 가지 음을 제대로 가르칠 수 있는 자는 오직 맹사성밖에 없습니 다."라고 하면서 그에게 정악正樂 교습 임무를 맡길 것을 주장한 것을 보면 그의 음악적 능력이 당시에 이미 공인되었음을 알 수 있다.

그러나 음악가로서 맹사성의 기량이 제대로 발휘된 것은 세종 때 였다. 세종 때에는 예禮와 악樂을 기반한 정치를 구현하기 위해 대대 적인 음악 정비 작업을 추진했다. 세종은 음악적 재능이 있는 박연을 등용하여 고대부터 당시까지 축적되어 온 음악 이론 연구와 악기 제 작, 새로운 악보 체계 창안 등의 성과를 거두었다.

이 과정에서 맹사성은 국가의 음악 교육과 연구를 담당하던 악학 樂學의 최고 책임자인 영악학領樂學으로 활동하며 전반적인 사업 추진 을 총괄하였다.

맹사성은 관직에서 물러나 있으면서 「강호사시가」를 지어 피리로 즐겨 부르기도 했다. 「강호사시가」는 맹사성의 음악적 소질을 잘 이 해하는 작품으로 지금도 교육적 자료로 많이 사용되고 있다.

맹사성과 광주의 인연

1435년세종 17년 2월, 76세의 맹사성은 나이가 많아 좌의정을 끝으로 벼슬에서 물러남으로써 49년간의 관직 생활을 마감한다. 하지만 나라에 중요한 정사政事가 있을 때마다 세종의 부름을 받아 자문에 응하였다.

좌의정 맹사성 대감은 관직에서 물러난 후 경복궁 뒤편 지금의 북촌 한옥마을에 작은 초가집에서 머물거나, 고향인 충남 아산에 내려가 낚시하며 여가를 보내기도 했다.

관직에서 물러난 지 3년 후, 1438년세종 20년 10월, 서울 북촌에서 79세로 돌아가셨다. 맹사성의 상여가 북촌마을을 떠나 고향인 충남 아산으로 향하던 중 지금의 성남시 판교 근처에서 잠시 상여가 쉬고 있는데, 갑자기 강풍이 불어 맹사성의 덕과 청렴함을 기리는 명정상여 앞에 들고 가는 깃발이 바람에 날려 떨어진 곳이 지금의 광주시 직동이다. 지관이 명정이 떨어진 곳을 유심히 살핀 후 이곳이 명당이니, 이 자리에 좌의정 대감을 모시는 것이 좋겠다고 했다. 그래서 광주시 직동 산27번지에 묻히게 된 것이다.

맹사성 대감의 묘 옆으로 약 100m 정도 떨어진 곳에는 맹사성 대감이 항상 타고 다녔던 검은 소를 묻은 '흑기총'이라는 무덤이 있다.

세종 임금은 맹사성에게 '문정文貞'이라는 시호諡號를 내려주었다. 그 뜻은 '문文'은 곧고 바른 신하를 일컫는 말이고, '정貞'은 청렴하고 결백함을 뜻한다.

비가 새는 정승의 집

맹사성이 좌의정으로 군사에 관련된 병무 행정과 외교에 관련된 일을 맡고 있던 1434년세종 15년의 일이었다. 이때 병조판서는 황상이라는 사람이었다.

하루는 병조판서 황상이 여진 정벌의 일로 논의할 일이 있어 맹사성의 집을 급히 찾게 되었다. 황상은 혼잣말로 '정승이라면 영의정, 좌의정, 우의정 이렇게 세 사람인데, 지위도 높고 하니 아마 집이 대궐같이 클 것'이라 생각하며 길잡이가 안내해 주는 맹 대감 집 앞에 도착했다.

그러나 이게 웬일인가. 기와집은커녕 초라한 초가집이 아닌가!

"일국의 정승이라는 분이 어찌 이리도 초라한 집에 산단 말인가?" 라며 황상이 놀라워했다.

"황 판서가 이곳까지 어인 일이오?" 황 판서가 왔다는 기별에 안에서 허름한 차림을 한 맹사성 대감이 나왔다.

"동북지역 여진족이 침입하여 백성들의 피해가 이만저만이 아니어 이 문제를 의논하러 왔습니다."

"그렇지 않아도 황 판서를 만나 그 문제를 매듭지려 하였는데 잘 되었구려. 6진을 설치하여 백성들이 안심하고 살 수 있도록 조치하는 것이 좋으리라 생각하오."

"좋은 생각이십니다. 바로 조치하도록 하겠습니다."

황 판서와 서로 의견이 맞아 일이 순조롭게 진행되어 세종임금 대에 6진이 설치된 것이다.

황 판서가 말을 마치고 일어서려는 순간 갑자기 천둥소리와 번개가 치더니 장대 같은 비가 퍼붓기 시작했다. 지나가는 비려니 생각하고 잠시 앉아있는데, 맹 대감집 천장에서 물이 새는 것이 아닌가,

맹 대감은 아무렇지 않은 듯이 앉아 있는데,

"대감마님, 쉰내 양동이 가지고 들어갑니다."라며 하인이 방문을 열고 들어왔다.

"황 판서, 모처럼 내 집을 찾았는데, 집이 누추하여 불편하게 하였구먼, 이해하시구려."

비기 그친 후 황 판서는 대궐로 향하던 발걸음을 돌려 자신의 집으로 갔다. 황 판서는 자신의 집을 찾는 손님을 맞이하기 위해 새로 짓는 행랑채 공사를 중지하고, 모두 헐어버리라고 명했다.

"일국의 정승은 빗물이 새는 낡은 초가에 살고 있는데, 내 어찌 새로이 건물을 지을 수 있단 말인가."라며, 맹 대감의 청렴함에 고개를 숙였다고 한다.

맹꼬불이라 하오

『태종실록』 편찬을 마친 좌의정 맹사성은 충남 온양에 있는 아버지의 묘소를 찾아뵙기 위해 한양을 나섰다.

영의정, 좌의정, 우의정을 삼정승이라고 한다. 이렇게 높은 신분에

있는 사람들은 볼일을 보러갈 때, 4인교라는 가마를 타고 다닌다.

그러나 맹사성은 조정에 들어갈 때를 제외하고는 개인적인 일을 보거나 고향에 갈 때 한결같이 검은 소를 타고 다녔다. 맹사성 대감이 온양에 내려간다는 소식을 전해 들은 경기 양성 현감이 쾌재를 불렀다.

'옳지, 좋은 기회다. 맹 대감이 지나가는 길목에서 기다리고 있다가 대접을 후하게 해드려야지. 그러면 내가 한양에서 벼슬을 할 수 있게 길을 열어 주실 거야.'

양성 현감이 하인들과 함께 장호원 근처 길목에 미리 가서 경치 좋은 연못가에 평상을 차려 놓고 있는데, 진위 현감이 하인들과 함께 나타났다.

"아니, 진위 현감이 여긴 어인 일이시오?"

진위 현감은 멋쩍어하면서,

"맹 대감께서 온양에 가신다기에 인사나 드릴 겸하고 왔습니다. 그런데, 양성 현감께서는 어인 일인지요?"

"허허, 나도 인사나 드릴 겸 해서 나와 기다리고 있지요." 서로 바라보며 웃었다. 양성 현감과 진위 현감은 하인들을 시켜 길을 청소하고 아무도 지나가지 못하게 막아놓았다.

그런데 해가 뉘엿뉘엿 지기 시작하는데도 개미 새끼 한 마리 지나가지 않자,

"여봐라, 어찌 아무도 지나가지 않는 거야, 혹시 너희들이 잘못 본 것이 아니냐?"라며 양성 현감이 하인들을 다그쳤다.

그러자 하인 한 명이 말했다.

구괴정황희, 권진과 친목을 나누기 위해 정자 주변에 3그루씩 9그루의 느티나무를 심은 데서 유래

"나으리, 아까 어느 늙은이가 허름한 옷차림에 이상하게 생긴 검은 소를 타고 피리를 불면서 지나가려고 하기에, 이곳은 좌의정 대감이 지나가는 곳이니 다른 곳으로 가라고 했습니다. 그래도 말을 듣지 않아서 당신은 누구냐고 물으니, 나는 온양에 사는 맹꼬불이라고 하는 것이 아닙니까? 제가 잔소리 말고 얼른 비키라고 혼을 내주었습니다."

이 말을 들은 양성 현감이 몹시 당황해하며 소리쳤다.

"이놈들아, 그분이 바로 맹사성 좌의정 대감이시다. 아이고, 이를 어쩐다!"

이처럼 맹사성 대감은 평민 복장에 하인도 거느리지 않고 혼자 소를 타고 다녔으므로 누구도 그를 좌의정 대감이라고 생각하기 어려웠다. 이렇듯 그의 청렴하고 꾸밈없는 삶은 한결같았다. 이 이야기는 겉모습만 보고 사람을 판단하는 어리석음을 지적하고 있다.

맹사성을 통해 서민들이 바라는 청렴하고 소탈한 위정자의 면모를 엿볼 수 있다. 우리 주변에 우리보다 약하고 어려운 사람에게 우리는 어떻게 행동을 하고 있는지 돌이켜 생각해 볼 문제이다.

맹사성의 명언

사람 위에 사람 없고 사람 밑에 사람 없소.
내 비록 벼슬이 정승이지만 만백성이 내 벗이 아니겠소.

맹사성 고택최영 장군이 물려준 집

허난설헌 – 조선 최초의 베스트셀러 시인 –

허미강

허난설헌의 생애

지금은 보통 이름이 하나지만, 과거에는 이름을 여러 개 사용했다. '아명'은 어렸을 때 부르는 이름이고, 그 이후 편하게 부르거나 세상에 널리 알려진 이름을 '호'이다. 그리고 성인이나 결혼할 때 기념으로 지어주는 이름은 '자'라고 한다.

아명 초희楚姬, 호號는 난설헌蘭雪軒, 자字 경번景樊이었다. '초희'는 '아름답고 재주가 뛰어난

허난허설 영정

여인'을 뜻하고, '난설헌'은 '미덕을 찬미하고 고결하고도 높은 문학적 재능을 지닌 여성'을 뜻하고, '경번'은 중국 여류시인인 번희를 사모하여 지은 이름이라고 한다.

당시 여성들은 제대로 된 이름이 없었다. 그런데 이렇듯 난설헌이 이름을 가진 것을 보면, 난설헌의 집안은 여성에게 관대하였음을 엿볼 수 있다.

허난설헌은 조선 중엽 1563년 명종이 임금이던 때 강릉 부사 허엽과 강릉 김씨 사이에서 태어났다. 어린 시절 주로 별장과 외가가 있는 강릉에서 보냈다. 난설헌 위로 허성, 허봉 두 오빠와 두 언니 그리고 남동생 허균이 있었다. 집안 식구들이 모두 글 솜씨가 뛰어나 당시 사람들은 허엽, 허성, 허봉, 허난설헌, 허균을 '허씨 5문장가'라 불렀다.

초희가 여덟 살 때였다.

"아버지, 제 글을 좀 봐 주세요. 어제 밤 꿈에 궁궐 누각 기공식 행사에 초대되어 갔더니 수많은 신선들이 와 있었어요. 하객 중에는 이태백 시인과 두보, 백거이 시인도 계셨는데 글쎄 저에게 '축하의 글'을 부탁하는 거예요. 그래서 이렇게 정성껏 써 보았어요."

그 글을 읽어 본 아버지와 오빠들이 깜짝 놀랐다.

"아니! 이거 정말 초희 네가 쓴 것이냐?"

"네…, '광한전'이라는 신선 세계 궁궐에 제가 귀빈으로 참석한 장면을 상상해보며 써 본 거예요."

석봉 한호가 쓴 난설헌의 광한전 백옥루 상량문 _ 강릉 허균, 허난설헌 기념관

광한전 백옥루 상량문

신비를 머금은 웅장한 산 하늘가에

빛나는 구름 마차가 드리워지고

은색 건물에 찬란한 햇빛 비치니

노을에 물든 기둥은 먼지 같은 세상을 휘감아 지워버리네

한 신선이 고동 나팔을 길게 불어 건물 짓기 시작을 알리자

푸른 용이 안개를 몰고 와 구슬 누각을 지었다

옛사람들은 건물을 올릴 때 중심축인 대들보를 올린 후 건물이 잘 지어지기를 기원하는 마음을 담아 '상량식'이라는 큰 행사를 했다. 이 상량식 중에 축하의 글인 상량문을 낭독하고, 글을 대들보에 새겨놓기도 하였다.

'광한루 백옥루흰 구슬 기와가 있는 누각 상량문'은 산문 형식의 글이다. 한자로 쓴 이 글의 첫 부분을 우리말로 일부 번역해 보니, 환상적인 세계의 몽환적인 장면이 눈앞에 펼쳐지는 것 같다. 이 글귀는 어린이, 여성이라는 한계를 뛰어넘어 가상현실 세계에서 자신이 주인공이 되는 상황을 당차게 펼쳐 보여주고 있다. 뛰어난 이 글은 입소문을 타면서 퍼져 나갔고, 이로 인해 초희 즉, 허난설헌은 '신동'이라는 소리를 듣게 된다.

아버지 허엽은 화담 서경덕 선생의 수제자로 도가의 영향을 받아 사물에 대해 구별보다는 평등하게 바라보는 시선을 지닌 분이었다.

당시 사람들은 중국에 사신으로 가면 비단 등을 구입한 후 조선에 돌아와 이를 되팔아 그 차액으로 큰 이득을 취하곤 했다. 그러나 허엽은 여러 차례 중국의 사신으로 왕래할 때마다 그런 이득을 취하기보다 자녀들에게 줄 서책들을 구해 왔을 정도로 자녀들의 학문과 교육에 집중한 사람이었다. 그는 자녀 교육에 남녀 차별을 두지 않았으며 직접 어린 딸에게 글과 그림과 서예를 가르치기도 하였다.

허엽은 30년 동안 청렴하게 관직생활을 하여 청백리에 녹선벼슬 따위에 추천하여 관리로 뽑음되었다. 강릉에 가면 경포호수 주변에 초당동이 있는데 이곳은 초당草堂 허엽이 살던 곳이어서 붙여진 이름이다. 허엽은 관청 뜰에 있는 우물 물 맛이 좋은 걸 알고 그 물을 길어 두부를 만들게 하였고 뜨거운 콩물을 식히는데 동해 바닷물을 사용하였다. 이 두부가 담백하면서 고소하고 풍미가 있다고 알려지면서 '초당 두부'라 부르게 되었다고 한다.

둘째 오빠 하곡 허봉은 17살에 장원 급제한 관료로 문장가, 외교관, 시인이었다. 사명대사 유정, 류성룡과 친구인 그는 난설헌에게는 스승이면서 시문학 세계의 동료였다. 허봉이 자신이 소중히 여기던 당나라 시인 두보의 시집 『두율』을 여동생에게 선물한 것을 보면, 여동생의 재능을 얼마나 아끼고 격려했는지 알 수 있다.

허봉은 친구이자 당대 최고의 문인이던 손곡 이달 선생에게 허난설헌과 막내 동생 허균의 시문 공부를 맡긴다. 이달 선생은 최경창, 백광훈과 함께 삼당三唐이라 불릴 만큼 학문에 뛰어난 분이었다. 그러나 양반가의 서자로 태어났기에 관직에 오를 수 없는 불운한 처지였다.

허난설헌은 그러한 스승을 보며 부조리한 조선 사회의 모순에 대한 비판적인 안목을 키우게 되었고, 서민들의 애환을 이해하게 된 것으로 보인다. 동생 허균 또한 스승인 이달 선생의 영향을 받아 적서 차별을 배경으로 한 「홍길동전」을 쓰게 되었을 것이다. 홍길동전에 나오는 유명한 대사 '아버지를 아버지라 부르지 못하고 형을 형이라 부르지 못하는데, 호부호형을 허하신들 무슨 소용이 있사옵니까!' 이것은 어쩌면 이달 선생의 외침이 아니었을까.

자신에게 각별한 오빠 허봉에 대한 고마움과 애정은 허난설헌의 시에 잘 나타나 있다. 오빠가 율곡 이이를 비판하다가 갑산으로 유배되자, 허난설헌은 속절없는 마음을 담은 시를 지어 보냈다. 허봉은 자신을 염려하는 동생을 안심시키는 답시로 화답을 했다. 혼란스러운 상황 속에서도 품위를 잃지 않는 사대부 집안의 고고함이 엿보인다.

하곡 오라버니께 〈기하곡寄荷谷〉

어둠이 내린 창가에 가녀린 촛불이 흔들리고
높다란 지붕 위로 반딧불이 넘나든다.
깊어가는 밤 시름에 겨운 싸늘함이 밀려오는데
나뭇잎은 우수수 떨어져 구른다.

산과 물에 가로막혀 나날이 근심이 깊어만 가니
먹먹해진 가슴 부여안고
아득한 곳에 계신 오라버니를 그리워하는데
허공을 품은 먼 산과 담쟁이 넝쿨 사이로
창백한 달빛이 어른거린다.

허초희는 화목한 가정 속에서 사랑과 인정을 받으며 행복하게 자랐다. 용모도 아름다웠고 글 재능도 타고 난 터라, 동생 허균에게 글을 가르쳐주기도 했다.

15살 즈음 허난설헌은 한 살 연상의 김성립과 혼인했다. 김성립의 아버지 김첨과 오빠 허봉은 함께 글공부를 한 각별한 사이로 자연스럽게 혼담이 오가게 되었다.

한 야사에 따르면, 이 무렵 허난설헌은 자신의 결혼이 자신의 의사와 무관하게 진행되는 것을 보며 아버지에게 이야기했다.

"아버지! 소녀의 혼인이니 제가 직접 신랑감을 살펴보고 싶습니다.

아버지께서 예비신랑감을 우리 집으로 초대해 주시면 숨어서 관상을 보고 제 의견을 말씀드리겠습니다."

"안 된다. 그것은 조선의 법도에 어긋나는 일이야!"

자녀들을 인격적으로 대하며 의견을 존중하던 아버지 허엽이었지만, 딸의 이 제안은 허락하지 않았다.

아버지 허엽이 예비 사위 선을 보기 위해 김성립의 집으로 향하자 허난설헌은 남자하인의 복장을 하고 몰래 아버지를 뒤따라가 만남의 장소에 따라 들어가서 허엽의 등 뒤에 섰다. 자신의 딸과 눈이 마주친 아버지는 기겁하며 놀랐으나, 다행히 들키지는 않았다. 허난설헌은 예비 신랑이 맘에 들지 않아 이 결혼이 무산되기를 간청했으나, 아버지는 결혼을 강행하였다.

남편 김성립은 아버지로부터 위로 5대가 과거에 급제하는 안동 김씨 명문 권세 가문이었고 보수적인 사대부 집안이었다. 자유로운 가풍 속에 살았던 난설헌이 가부장적인 분위기의 시댁에 적응하기란 쉽지 않았다. 당시 양반가 규수들은 글을 멀리 하는데, 한시를 짓는 총명한 며느리가 시어머니 눈에 찼을 리 없다. 수를 놓거나 살림살이보다 책 읽기를 좋아하는 며느리가 달갑지 않았을 것이고, 고부갈등의 계기가 되었을 것이다.

허난설헌의 시집살이는 고달팠고 남편과의 사이에도 점점 틈이 생겨났다. 남편 김성립은 천재성을 지닌 아내에게 주눅이 들었고, 계속 과거시험에 떨어지며 상대적 열등감에 빠졌을 것이다. 김성엽은 과거 준비를 한다는 핑계로 바깥으로 나돌았고, 기방을 드나들며 아내를 멀리하였다.

시집살이로 힘든 난설헌에게 불행이라는 폭풍이 겹겹이 밀려오기 시작했다. 전염병으로 두 자녀를 연이어 잃게 됐고, 이때 극심한 스트레스로 인해 임신한 아이도 결국 유산 되고 만다.

아들의 죽음을 울다 〈곡자哭子〉

작년에는 귀여운 딸을 여의고
올해는 사랑하는 아들을 떠나보냈네.
애닯고 서러워라 광릉 땅이여
두 무덤이 나란히 마주 보고 있구나.
백양목 가지에는 소슬하니 바람이 일고
숲속에선 도깨비불이 반짝인다.
저승길에 필요한 노잣돈을 흩날리며
너희 무덤 앞에 술잔을 붓는다.
그래 그래 나도 안다.
가여운 너희들 넋은
밤마다 어울려 정답게 놀겠구나.
비록 뱃속에 아기가 있으나
어찌 제대로 자라기를 바랄까
슬픔의 노래 목 놓아 부르며
피눈물 삼키고 속울음 우노라.

곧이어 아버지 허엽이 경상 관찰사 임무를 잘 마치고 한양으로 올라오던 중에 경북 상주에서 객사한다. 큰 슬픔에 잠긴 난설헌에게 든든한 버팀목이던 오빠 허봉마저 젊은 나이에 금강산에서 객사했다는 비보가 날아왔다.

자식을 모두 앞서 보내고, 아버지와 오빠마저 여의고, 친정은 당파 싸움에 몰락해 가자 그녀의 자존감은 나락으로 떨어졌다. 깊은 슬픔과 절망 속에 시름을 달래던 그녀는 자신의 죽음을 암시한 듯한 시 '몽유광상산'처럼 연꽃 스물일곱 송이가 지듯이 27세의 나이에1589년 홀연히 세상을 떠났다.

허난설헌 묘

꿈에 광상산을 노닐다 〈몽유광상산夢遊廣桑山〉

푸른 바닷물이 구슬 바다를 보듬고
푸른 꿩이 채색 봉황새와 어울리는구나.
붉은 연꽃 스물일곱 송이 떨어지니
달빛이 서리 머금고 싸늘히 사위어 가누나

푸른 바닷물과 푸른 꿩은 현실세계, 구슬바다와 봉황새는 신선세계를 뜻한다. 광상산은 신선세계 가운데 가장 아름답다는 곳이다. 난설헌이 살고 싶었던 이상세계였을 것이다.

동생 허균은 누님의 죽음에 대한 애통한 마음을 이렇게 남겼다.
'오호라 살아서는 부부 사이가 좋지 않더니 죽어서도 제사를 받들 자식이 하나도 없구나. 아름다운 구슬이 깨졌으니 그 슬픔이 끝이 없다' -「학담초성」 중에서
'돌아가신 나의 누님은 어질고 문장이 있었으나, 시어머니의 인정을 받지 못했다. 또 두 아이를 잃었으므로 한을 품고 돌아가셨다. 누님을 생각할 때마다 가슴이 아픈 것을 어쩔 수 없다.' -「성소부부고」 중에서

허난설헌이 죽은 후 남편 김성립은 병과에 급제했다. 임진왜란이 터지자 왜군과 싸우다 전사했으나, 시체를 찾지 못해 의복으로 장례

를 치렀다. 김성립이 사후 이조참판에 추증되면서 허난설헌도 정부인 貞夫人으로 추증된다.

난설헌은 자신이 쓴 작품들을 모두 소각하고 친정에 있던 자신의 작품들도 태워버리라는 유언을 남겼다. 시와 함께 이 세상을 하직하고 싶었는지 그렇게 약 1,000여 편의 작품들이 사라진다.

요절한 누님의 주옥같은 작품을 아깝게 여긴 허균은 강릉 집에 흩어져 있던 시와 자신이 외우고 있던 시 213편을 엮은 초고를 서애 류성룡 선생에게 보여주며 자문을 구했다. 류성룡 선생은, "놀랍다. 이것이 과연 여인의 시인가. 이 시들을 잘 모아 반드시 후세에 전하도록 하게." 라며 발문을 써 줬다. 처음 몇 권의 필사본을 만들어 주위에 돌렸는데, 곧 임진왜란이 일어나는 바람에 정식 출간은 미뤄지게 되었다.

허난설헌이 세상을 떠나고 9년 뒤 정유재란1598년이 일어났을 때 허균은 중국에서 원정 온 명나라 사신에게 누나가 쓴 시 200여 편을 보여주었다.

명나라 사신들이 고국으로 돌아가며 가져간 몇 몇 시편을『조선시선』,『열조시선』에 싣자 난설헌의 시는 중국인들에게 선풍적인 인기를 끌게 되었다. 오명제가 편찬한『조선시선』에는 신라의 최치원과 매월당 김시습의 시도 수록되어 있는데 그 중 난설헌의 시가 가장 분량이 많았다.

그 후에 조선을 방문한 명나라 사신 주지번의 요청으로 허균은 허난설헌의 다른 시들도 전해주었다. 난설헌의 시에 탄복한 주지번이 명나라로 돌아가 직접 서문을 쓰고 『난설헌집1606년』을 목판본으로 출판하자 곧 베스트셀러가 되었다.

그 후 수많은 중국의 서적에 허난설헌의 시가 실리며 대 열풍을 일으켰다. 조선을 찾은 중국 사신들은 앞 다퉈 난설헌의 시집을 구해 달라고 아우성을 쳤다. 청나라 황제 강희도 조선에 허난설헌의 시집을 구해달라고 요청했다.

『난설헌집』이 발간되고 150년이 지난 후 청나라를 방문한 실학자 홍대용은 그곳에서 그녀의 시에 대한 칭송을 들었다는 기록을 남겼다. 오죽하면 당시 '난설헌 시집을 출판하느라 종이 값이 올랐다'는 애기가 나올 정도였다.

중국에서 애송되던 난설헌의 시편들은 다시 일본에 소개되어 1711년 분다이야 지로베이에 의해 화각본으로 간행되었는데 일본에서도 크게 사랑을 받았다. 조선에서는 인정받지 못하고 오히려 폄하되었으나, 중국과 일본에서는 그녀의 시를 극찬하고 열광하며 그녀를 대시인으로 인정했다.

중국의 「고금야사」에서는 '허난설헌의 신령한 기백은 이태백조차 뒤로 물러나게 하고 강엄도 역시 허난설헌 문장의 아름답고 화려함에 자리를 피하게 한다. 그녀의 문장은 진한의 고금 수준에 도달해 있다.'라며 허난설헌을 극찬했다. 지금도 북경대 조선어학과에서는 허난설헌의 시를 심도 있게 다루고 있다.

한편 조선 땅에서는 허균이 공주 목사 시절 목판본 『난설헌집』 초본1608년을 간행했다.

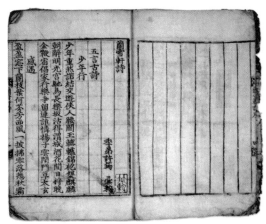

허난설헌 시집, 목판초간본 _ 문화재청

'여자의 글은 담장을 넘을 수는 없다'는 분위기에 더하여 동생 허균이 역적 누명을 쓰고 능지처참을 당하자 그녀의 시편도 세간으로부터 외면당하게 되었다. 그러다가 조선 후기 지식인들 사이에서 그녀의 작품이 재조명되기 시작했다.

난설헌집은 1692년 동래부에서 중판되었고, 1913년 국판 활자본으로 발행되었다.

허난설헌의 작품 세계

허난설헌이 살던 당시 명나라에 유행하던 당唐의 시풍을 따르는 복고운동은 조선의 한시漢詩 흐름에 큰 영향을 주었다. 허난설헌의 시도 운율과 소재와 흐름이 자연스럽게 당시唐詩라는 틀 안에 쓰였다.

한시를 한글로 풀어 번역해 놓은 시를 감상할 수밖에 없으니, 원본의 운율이나 상징이 품고 있는 깊은 맛을 제대로 음미할 수 없다는 아쉬움이 남는다.

난설헌의 시는 일반 규방의 여인들이 쓴 시처럼 예쁜 시도 있지만 그 안에 머물지 않았다. 전쟁에 관한 호방한 시, 사회 문제를 담은 시, 때로는 신선 세계나 궁궐 생활을 상상하며 쓴 시 등 다양한 장르를 넘나든다.

허난설헌의 시풍을 보면 주위의 사물을 정감있게 묘사하면서도 고고하고, 시어 선택에 있어서 맑고 간결하면서도 시격이 매우 높은 점이 특징이다. 그녀의 시에 많이 등장하는 시어는 단아한 자태의 '난초'와 어두운 세상을 순백의 빛깔로 덮는 '눈'이다. 눈 속에 핀 난초가 있는 집, 난설헌蘭雪軒이 연상 된다.

이번 장에서는 소재별 시 몇 수와 그림 두 점을 소개한다.

신선 세계를 노니는 노래 87 〈유선사游仙詞〉

열두 폭 비단 치마 입고
완랑 신선님과 함께 안개에 감긴 풀밭을 오르네
들꽃 사이 흐르던 피리 소리 그쳐
문득 돌아보니 인간사 일만 년이 흘렀네

아버지의 도교 사상에 영향은 받은 난설헌은 신선 사상을 지니고

있었다. 난설헌의 정신적 정서적 안식처는 현실의 벽에 막힌 공간을
훌훌 벗어버리고 날아간 '신선 세계'였다.

「유선사」라는 시편은 병풍을 펼쳐 보이듯 써내려 간 87수 연작시로
작품 속에서 그녀는 신선이 되어 거닐고 있는 듯하다. 그 속에서 그
녀는 자아 해방 의식을 추구할 수 있었던 것 같다.

연밥 따기 노래 〈채련곡采蓮曲〉

어느 가을날 맑고 긴 호수에
푸른 옥빛 물이 흐를 때
연꽃 그득한 곳을 휘감은 구석진 곳에
작은 배를 매어두고

그대 만나려고
저 너머 연밥을 던졌더니
행여 누가 보았으려나
반나절이나 부끄러웠네

'맑은 호수'과 '푸른 옥이 흐르는' 시어 속에 순수함과 설렘 가득한
마음이 담겨 있다. 무심한 척 툭 던졌으나 연밥이 풍당 떨어지는 소
리에 놀라 주변 사람들에게 들키지 않았을까 싶고, 얼굴이 화끈 달아
올랐고 심하게 두근거리는 심장을 잠재우기에 꽤 오랜 시간이 걸렸다

는 서정시다.

수줍음 가득한 이 어여쁜 시를 난설헌과 동년배인 이수광은 『지봉유설』에서 '음탕에 가까워 문집에 싣지 않은 시'라고 폄하했다.

마음에 있는 말 4 〈견흥遣興〉

귀한 정금으로 만든 반달 모양 노리개
시집올 때 시부모님께 받은 거라 즐겨 빨간 비단 치마 품에 달고 다녔지요
오늘 먼 길 떠나시는 그대에게 증표로 드리니
제 마음이라 여기시고 소중히 간직해 주소서
행여 가는 길에 버릴지언정 다른 여인 허리춤에 달아주지는 마소서.

남편을 사랑하기에 애교와 질투를 지닌 여인임을 감추지 않고 대담하게 표현했다. 당당한 자존심이 느껴진다. 자신의 솔직한 감정을 표현한 시를 못마땅하게 여기는 남성 중심 사고에 반기를 든 것 같아 보이기도 한다.

변방에 출정하는 노래 2 〈변방의 수자리, 새하곡塞下曲〉

지난 밤 용성이 포위되었다는 소식이 적힌
화살이 날아왔네

눈보라 속에 뿔 나팔 소리 신호 깊이 울리자
큰 칼을 차고 금미산*으로 내달리네

오랜 전방 생활에 어느 새 몸은 늙어 쇠약하고
머나 먼 정벌길에 말 또한 수척하네
사나이는 굴굴한 패기로 사는 것
부디 적장 하란의 목을 매달고 개선하기를

「변방의 수자리」는 지금 언어로 표현하면 '의무 전방 생활'로 18수
로 구성되어 있다. 고대 한漢나라 장수들의 흉노족 정벌을 배경으로
쓴 시인데 여성이 썼다고는 믿기지 않을 정도로 광활한 대평원을 내
달리는 기상이 가득하다. 일부는 군사로 동원되어 노동력을 착취당
하는 민중의 아픔을 담고 있는 저항 정신을 깔고 있다.

궁궐 생활 1 〈궁사宮詞〉

대궐의 처마에 아침 햇살 비치면
빗자루를 든 궁인들이 옥계단을 쓸어내네
대낮에는 임금님 대전에서 조서가 내려오니
문발 너머로 궁녀들을 급히 부르네

궁사宮詞는 '궁궐에서 일어나는 일들'을 읊은 시로 모두 20수이다.

* 흉노와 자주 전투가 벌어지는 외몽고 산 이름

화려하고도 섬세한 시어로 웅장한 궁전을 형상화하고 있다. 궁중 생활을 해본 적이 없는데도 어떻게 이런 시를 썼는지 그 무궁한 상상력이 놀랍다.

가난한 여인의 노래 2 〈빈녀음貧女吟〉

춥고 배고파도 티를 내지 않고
창가에서 온종일 옷감만 짜고 있네
이런 나를 부모님은 가엽다 여기시지만
다른 사람들이야 내 속 사정을 어찌 알까

가난한 여인의 노래 4 〈빈녀음貧女吟〉

가위를 손에 들고 옷감을 자르면
차가운 밤기운에 열 손가락이 시려 얼얼하네
다른 여인네들의 시집갈 옷 짓고 있는 나는
해마다 나 홀로 잠자리에 드는구나

　부모를 봉양하느라 결혼을 하지 못한 가난한 여인이 다른 여인의 혼례복을 밤새 지으며 자신의 신세를 한탄하는 노래이다. 난설헌은 양반댁 규수였으나, 가난한 서민 여인의 아픔을 외면하지 않고 시선을 집중시킨다. 피지배층의 빈곤과 불평등한 당시 사회를 고발한 진정한 「민중시」라 하겠다.

양간비금도친필서화 _ 허엽의 12대 종손 소장

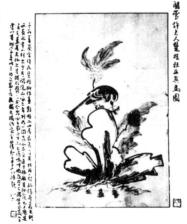
허난설헌의 묵조도

이 그림은 자신의 따뜻했던 유년 시절을 회상하며 그린 것으로 추정 된다.

어른 손을 잡은 빨간 저고리를 입은 아이가 활기 넘치게 창공을 나는 여덟 마리 새들을 그 가리키고 있다. 자상한 아버지에 대한 그리움과 자유를 갈구하는 난설헌의 마음이 담겨 있다.

힘 있는 필체 '한견고인서'는 '한가할 때는 옛 사람의 글을 읽어라'이다. 난설헌 자신이 얼마나 책을 가까이 했는지 유추되는 글귀이다.

허난설헌과 페미니즘

난설헌은 입버릇처럼 세 가지 한限을 말했다고 하다.

'하나는 여자로 태어난 것이요, 또 다른 하나는 조선에서 태어난 것이요. 그리고 김성립의 아내가 된 것이다.' 이는 자신의 불행은 개인적 성향이나 운명의 차원이 아닌 사회 구조적인 모순이라 인식하고 접근했다. 조선 중엽은 남존여비 사상으로 여성의 인권이나 권위가 존중되지 못했고, 여성의 학문에 대해서는 부정적이었던 사회 분위기였다.

그녀의 성 평등사상은 현실의 벽에 좌절하고, 밀려오는 고난 앞에 고뇌와 절망에 빠질 수밖에 없었다. 그러나 슬픔의 한가운데서도 그녀는 작품을 통해 분연히 일어났다. 자신을 지우거나 포기하지 않고 시의 세계 속에서 여성의 주체적 자아의식을 드러냈다. 솔직 담백한 목소리로 여성을 억압하는 사회 구조를 향해 저항하고 암담한 현장을 고스란히 작품에 드러냈고, 비좁은 가두리를 뛰어 넘어 가상현실이라는 대양에서 마음껏 유영했다.

시詩라는 형식을 통해 여성이라는 이유, 하층 신분이라는 이유, 가난이라는 이유로 억압과 차별받는 이들을 아우르며 깊은 위로를 전한다. 그러기에 여성 해방 의식이 담겨 있는 그녀의 작품과 삶은 우아하고도 강인하다.

허난설헌과 신사임당

두 사람은 거의 동시대와 강릉이라는 동지역에 살았고 유복하고 명망있는 집안이라는 것, 그리고 예술에 능했다는 공통점이 있다.

신사임당1504~1551은 강릉 오죽헌에서 나고 자랐으며 그곳에서 결혼하고 자녀들을 낳고 키웠다. 허난설헌1563~1589은 별장과 외가가 있는 강릉과 친가인 한양을 오가며 살았다. 결혼 후에는 시가인 광주에서 고통스럽게 지내다가 젊은 나이에 요절했다.

두 사람의 삶이 왜 이렇게 다를까.

아마도 결혼 풍습의 변천 과정에서 이유를 찾을 수 있을 것이다. 사임당의 경우 신랑이 신부 집에 가서 혼례를 치르고 처가살이를 하는 '남귀여가'의 끝물에 해당되었고, 난설헌은 신랑 집에서 신부를 친히 영접하여 시집에서 사는 '친영제'로 바뀌는 과도기에 끼어 시집살이를 해야 하는 1세대였다.

사임당은 양반댁 여인으로 그림과 글씨에 능한 예술가이며 훌륭한 분이었다. 그러나 난설헌이 천재 시인으로 알려지게 된 것은, 조선 사회가 추구하는 현모양처의 부덕을 쌓았거나 성공한 자식을 두었기 때문이 아니라, 혹독한 시련 앞에서도 자신의 정체성을 찾아 시대의 흐름을 거슬러 올라가는 용기를 지녔기 때문이다. 난설헌은 처절한 현실 속에서도 자신의 정체성을 잃지 않고 이상 세계를 향해 자신의 길을 올곧게 걸어간 여인이었다.

허난설헌과 광주

허난설헌은 강릉 초당과 본가인 한양 번천동에 살다가 15세 무렵 결혼하여 시댁이 있는 경기도 광주에서 12년을 살고 광주 지월리에 묻혔다.

묘소는 경기도 광주시 초월읍 지월리 산 29-5에 있고, 1986년 경기도 지정 기념물 제 90호로 지정되었다. 원래는 현 위치의 500m 우측이었으나 1985년 중부고속도로가 생기면서 종중 땅을 한국도로공사에 희사하고 현재의 장소로 묘역 전체를 이장했다.

이곳은 안동 김씨 종중 묘역이지만, 사람들은 '허난설헌 묘'를 검색해 찾아간다. 시비에는 요절한 두 자녀를 애도하는 시 「곡자」가 새겨져 있으며, 두 자녀의 무덤이 난설헌 묘 왼쪽 전면에 나란히 있다.

마음껏 글쓰기를 즐기던 결혼 전과 달리, 결혼 후 봉건 사회의 규범 아래 살았던 광주는 난설헌에게는 비극의 장소였을 것이다. 탄식에 가까운 광주에서의 삶은 자유를 향한 갈망과 지적 허기짐과 외로움을 시로 승화하고 시대를 초월한 선구자적 세계관을 탄생시킨 산실이기도 하다.

최근 들어 광주에서는 '허난설헌문화제'를 열고 국립발레단을 초청해 '허난설헌' 발레 공연을 하는 등, 관심이 높아지고 있다. 그녀의 삶과 예술적인 진면목이 더 널리 알려지기를 기대해 본다.

* 이 장에서 인용된 허난설헌의 시는 필자 허미강이 번역한 것임을 밝힙니다.

신립 장군 - 이탕개의 난을 평정한 북벌 호랑이 -

박연희

임진왜란 발발 첫해인 1592년 4월, 왜군이 조선을 향해 쳐들어오고 있었다. 고니시 유키나가가 1군 선발대로 부산진을 정복하며 임진왜란은 시작되었다. 고니시 선발대는 부산진에 이어 동래성과 상주성을 정복하고, 2·3군과 합류하며 기세를 몰아 조선을 혼란에 빠뜨렸다.

당시 조정에서는 왜군의 기세를 막기 위해 북방에서 용맹하게 6진을 지키며 영웅이 된 신립 장군을 충주 탄금대로 보냈다. 신립은 배수진을 펼치고 왜군과 싸웠으나, 탄금대 전투에서 패하게 되자 달천에 몸을 던져 생을 마감했다.

신립은 위급한 상황에 놓인 나라를 구하기 위해 자신의 목숨을 바쳐 전쟁을 치렀는데, 수많은 전장에서의 승전고보다 탄금대 전투에서 한 번의 참패는 무관으로 살아온 그의 삶을 평가 절하시켜 버렸다. 패전 인물로만 알려져 있는 신립 장군에 대해 알아보고자 한다.

신립의 생애

신립은 1546년 11월 16일음력 10월 23일 고려 왕건의 개국공신인 신숭겸의 후손으로 아버지 신화국과 파평 윤씨윤회정의 딸인 어머니의 셋째 아들로 태어났다. 아버지는 성균관 생원이었다. 신립은 위로 형 신잡과 신급이 있었으며 아래로는 남동생 신할이 있었다.

그는 어릴 때부터 글 읽기보다 무예를 연마하기 좋아하여 무과에 급제한 후, 여러 벼슬을 거치며 임금의 총애를 받았다.

신립이 무과에 급제하여 선전관으로 재직할 때 조선 8대 문장가 중 한 사람인 송천 양응정을 만났다. 양응정은 신립에게 "자네는 큰 그릇인데, 학문을 하지 않으면 안 되네."라고 충고했다. 신립은 그 충고를 받아들여 양응정을 스승으로 모셨다. 그리고 더욱 학문에 매진하여 용맹함과 더불어 문무를 겸비하게 되었다.

조선은 남쪽의 왜구보다 북쪽 오랑캐가 더 골칫거리여서 어떻게 침입을 방어할 것인지 논의를 하곤 했지만, 정작 해결은 하지 못하고 있었다.

세종 때 국경선이 압록강과 두만강으로 확정된 후에도 여진은 두만강 유역을 끊임없이 침입했다. 그러기에 두만강 강가를 경계로 설치한 6진을 방어하는 전술은 작게는 주변 국민의 안정적인 삶과 직결되고 크게는 국가적 차원에서 중요한 정책이었다.

신립이 온성부사가 되었을 때의 일이다. 당시 조선의 군대는 여진족의 공격을 방어하기에 급급했으며 북방 지역에 자행된 여진족의 행패는 도를 넘어 인근의 성이 함락될 지경이었다.

1583년 이탕개가 거느린 여진족이 또 침입하여 훈용진을 공격했다. 이탕개는 선조 초 우리나라에 귀화한 여진인으로, 조정으로부터 대우를 받아온 자였다. 그런데 오랑캐들이 난을 일으키자 이에 호응해 이탕개도 난을 일으킨 것이다.

신립은 유원첨사 이박 등과 합세하여 포위를 뚫고 적장을 향해 들어가 적의 추장을 쏘아 죽였다. 신립의 호쾌한 전투가 적의 기세를 꺾어 놓자, 적군들은 놀라서 달아났지만 기세를 몰아 그들의 뒤를 끝까지 쫓아가 은거지에 남아 있는 잔당까지 소탕했다.

같은 해 5월 또 다시 쳐들어온 이탕개의 1만여 군대를 신립의 기병대와 유원첨사 이박 등이 합세하여 물리치고, 두만강을 건너 적진을 향해 돌격했다. 신립의 부대는 승전고를 울렸고 신립의 명성은 폭발적이었다.

선조실록에 의하면, '신립은 평상시에도 철갑을 두른 용감한 병사 500여 명을 훈련시키고 사냥을 하며 전술을 익혔고 그 민첩함이 귀신같아 야인들이 모두 감복하였다.'라고 기록하고 있다. 야인들의 침입이 잦았던 두만강 유역의 6진을 지킬 수 있었던 것은, 신립의 용맹함 덕분이었다고 해도 과언이 아니다.

탄금대 전투

1592년 4월 왜군은 대병력을 이끌고 부산에 상륙했다. 제1군 고니시 유키나가가 1만 8700명의 선봉대를 이끌고 부산진 전투를 시작으로 임진왜란은 시작된다. 고니시의 제1군에 이어 제2군 가토 기요마사는 2만 2800명, 제3군 구로다 나가마사가 이끈 병력은 1만 1000명의 부대가 차례로 부산에 상륙하여 동래성과 상주성을 지나 최종 목표인 왕이 있는 한양까지 파죽지세로 쳐들어오고 있었다.

조정은 신립 장군을 경상, 전라, 충청의 병력을 총괄하는 삼도순변사로 임명하여 적진을 방어하는 임무를 부여했다. 신립이라면 왜군을 제압하고 조정에 승전고를 울릴 것이라고 믿었던 것이다. 또한 김여물을 부장으로 삼아 탄금대 전투에 함께 할 것을 명했다. 김여물은 문신이지만 전쟁에서 전략 전술가로서의 기질을 갖추고 있었기 때문이다. 신립은 김여물과 함께 임금이 하사한 상방검을 챙겨 들고 급히 충주로 향했다.

충주에 도착한 신립은 당시 조선의 명장 이일 장군이 상주전투에서 패했다는 소식과 왜군 군사의 수가 많고 훈련이 잘된 강한 정예부대라는 정보를 들었다. 이일은 패전 소식을 가지고 살아 돌아온 자신을 죽여 달라고 하였지만, 신립은 이일 장군을 처단하지 않고 함께 전쟁에 나갔다.

이일은 문경새재를 수비하기에 늦었으니 한강으로 물러나 한강 방어선을 구축하자고 하였다. 김여물 장군은 타국의 지리를 잘 모르는 왜군의 약점을 이용하여 이곳의 험준한 요새인 조령을 지키며 싸우는 것이 유리하다고 하였다. 대부분의 부장들도 김여물과 비슷한 의견을 냈다.

이런 상황 속에 신립의 지휘를 기다리고 있던 경상도 병력은 왜군이 먼저 도착하자 붕괴되어 버렸다. 왜군은 이미 경상도를 점령한 후, 경상도 경계를 넘어 북상하고 있었다. 김여물 장군은 문경새재가 지리상으로 천연의 요새로 불릴 만큼 산세가 험하여 방어진으로 삼아 전쟁을 하는데 최적인 곳이라고 주장했다.

그러나 신립은 조령을 포기하고, 자신의 전투 경험에서 승률이 높았던 기마병을 활용할 수 있는 탄금대에 배수진을 칠 것을 주장했다. 왜군을 충주의 넓은 평야로 끌어들여 기병 전술을 펼친다면 승산이 있을 것이라고 판단했다. 기병 부대의 특기인 속도전으로 적을 방어하면 해볼 만한 전투라고 생각한 것이다.

하지만 신립이 선택한 달천평야는 논밭이 많았고 그날따라 비가 부슬부슬 내려 땅이 질퍽거렸다. 그런 땅에서 말들은 달리기가 어려워 기병의 장점인 속도를 낼 수 없었으므로 신립이 믿고 있던 기병 부대가 전쟁하기에 매우 불리한 상황이었다.

왜군은 조령을 넘어와 진을 쳤다. 조령을 넘은 왜군의 진영은 상상했던 것보다 그 위용이 대단했다. 왜군은 이내 조선군을 포위해 들어왔고 우리 기마병은 일본 조총부대에 제대로 된 대응도 하지 못한 채 속수무책이었다.

반면 일본의 조총 부대는 조선과 전쟁을 하기 위해 미리 수집한 정보를 토대로 전략과 전술을 준비해왔고 여러 실전을 통해 전투력과 치밀한 조직력을 갖춘 정예 부대였다. 일본군은 세 갈래로 나뉘어 빠른 속도로 북상했다. 왜군은 탄금대에서 강을 등지고 배수진을 친 조선의 8천군을 완벽히 포위하며 진격했다.

신립은 직접 군사를 이끌고 왜군 진영을 뚫으려 시도해 보았지만, 오히려 측면으로 왜군의 협공을 받게 되었다. 신립은 적을 향해 진격하다 말고 후퇴할 수밖에 없었다. 일본의 조총군은 이 기세를 몰아 조선군을 혼란에 빠뜨리며 도망칠 길조차도 내주지 않았다.

신립은 마지막까지 온 힘을 다해 싸우다가 전세를 돌이킬 수 없다는 것을 알고 김여물에게 물었다.

"살고자 하는가?"

"내 어찌 살고자 하겠소."라고 김여물이 답하자 함께 달천강에 몸을 던졌다.

탄금대 전투는 신립의 용맹함을 충분히 발휘하지도 못한 채 일본의 조총부대에 참패를 당하고 말았다. 이 전투의 패배로 8천 장병뿐만이 아니라, 조선군을 믿고 피난하지 않았던 경상도와 충청도 백성들의 희생도 컸다.

신립의 패전 소식을 전해들은 조정은 혼돈 상태에 빠져 선조는 한양을 버리고 평안도로 피난하였으며 왕세자 광해군은 분조를 이끌고 남부지방으로 향했다.

곤지암에 관한 일화

왜군과의 전투에서 겨우 목숨을 건진 일부 병사들이 신립 장군의 시신을 수습했을 때, 신립은 두 눈을 부릅뜨고 당장이라도 왜군에게 호령을 할 것 같은 모습이었다고 한다.

장례를 치르기 위해 한양으로 향한 병사들이 교통의 요지인 곤지암에 다다르자 신립의 관이 땅에 붙어 움직이지 않는 이상한 일이 일어났다. 병사들은 신립 장군의 시신을 곤지암읍 신대리 산15-1에 안장하고 묘를 만들었다.

신립 장군의 묘지가 있는 산등성이에 서면 곤지암 읍내가 훤히 내려다보인다. 전장에서 패한 신립이 죽어서라도 한양으로 향하는 왜군을 저지하려는 뜻이라는 설이 있다.

신립의 묘소와 그리 멀지 않은 곳에는 고양이처럼 생긴 바위가 있었다. 그런데 장례를 지내고 난 후 누구든지 말을 타고 그 바위 앞을 지나가려고 하면 말발굽이 땅에 찰싹 붙어 떨어지지 않았다. 말을 타고 그 바위 앞을 지나가려는 사람들은 하는 수 없이 말에서 내려 걸어가야 했다.

그러던 어느 날, 한 선비가 그 앞을 지나가려 했는데 말이 움직이지 않자 말에서 내려 신립의 묘로 향했다. 선비는 신립의 묘소를 향해, "왜 지나가는 사람들을 괴롭히시오!"라며 큰소리로 핀잔을 주었다고 한다.

그러자 하늘에서 천둥 번개가 치더니, 벼락이 바위를 내리쳤고, 고양이 형상을 한 바위 윗부분이 떨어져 나갔다. 바위 윗부분이 떨어져 나간 그 자리 옆에는 큰 연못이 생겼다. 그 후 고양이 형상 바위 앞을

벼락으로 쪼개진 곤지암과 그 사이에서 자라고
있는 400년 된 향나무

지날 때 말굽이 땅에 붙는 일은 일어나지 않았다.

사람들은 그 바위를 '연못과 바위가 뒤섞였다'는 뜻으로 곤지암昆池岩이라고 불렀다. 곤은 뒤섞일 곤, 지는 연못 지, 암은 바위 암이다. 연못은 소하천과 연결되어 한강으로 흘렀으나, 지금은 복개되어 그 흔적을 찾아볼 수 없다.

화강암으로 이루어진 곤지암은, 큰 바위와 작은 바위로 이루어져 있는데 벼락을 맞고 갈라진 바위틈에서 향나무가 나와 4백 년이 넘도록 잘 자라고 있다.

곤지암이 있는 마을 이름도 '곤지암'이라고 부르게 되었다. 곤지암은 안타깝게 죽음을 맞이한 신립 장군의 흔적을 더듬어볼 수 있는 곳이라고 할 수 있다.

곤지암은 광주시 실촌면에 포함된 작은 마을로 2004년 실촌읍으로 승격하게 되었고, 2011년 실촌읍의 명칭을 곤지암읍으로 변경했다. 곤지암 바위에서 시작된 지명이 마을 지명으로, 마을 지명에서 다시 읍의 지명이 된 사례이다. 곤지암 바위는 경기도 문화재자료 제 63호로 지정되어 있다.

신립 장군의 묘는 부인 전주 최 씨와 합장한 묘이다. 1688년 묘갈무덤 앞에 세우는 둥그스름한 작은 비석이 세워졌는데 묘갈문은 송시열이 짓고 신익상이 썼다. 향로석에 '대명경자'라고 새겨져 있는 것을 보면, 1600년경에 석물들이 제작되었다는 것을 알 수 있다. 신립의 묘는 1986년에 경기도 기념물 제95호로 지정되었다.

신립과 관련된 설화

북방의 여진족과 싸워 용맹스런 장군으로 이름을 떨치던 영웅이 탄금대 전투에서 패하고 나서 나라를 위기에 빠뜨린 무능한 장군으로 추락한 후 지금도 비난을 받고 있으니 안타깝다.

신립이 탄금대 전투에서 보여준 전술과 전략에 대한 의문과 신립의 죽음과 관련된 이야기들이 지금까지 설화로 이어져 내려오고 있다.

쌍동리는 소쌍동과 도곡 두 개의 마을로 형성되었는데, 이 두 마을이 똑같다고 해서 쌍동雙東이라고 했다가 1941년 행정구역이 개편될 때 쌍동리라고 부르게 되었다.

소쌍동은 크고 작은 두 개의 고개가 쌍둥이처럼 나란히 있는 쌍동 고개 중에서 작은 고개가 있어서 '소쌍'이라 부르게 되었으며, 도곡은 길옆의 골짜기에 위치하고 있다고 하여 '도곡'이라 부르게 되었다. 곤지암천의 동북쪽이 소쌍동이고 남서쪽이 도곡이다. 이 마을은 평지보다 고도가 높은 곳에 백마산을 끼고 있다.

경기도 광주시 초월읍 쌍동 1리 마을회관에서 정동석 할아버지의 음성으로 신립과 관련된 설화를 채집한 자료가 있어서 소개하려고 한다. 정동석 할아버지가 말씀하신 '원귀 때문에 전쟁에서 패한 신립'이라는 제목으로 전해준 설화의 내용은 다음과 같다.

'신립장군이 무과 초년 때 함경도에서 무술을 닦는데 어느 깊은 산을 지나다 외딴집이 있어 가보았다. 큰 기와집이었는데 문을 두드려도 인기척이 없어서 문을 열고 들어가니 처녀가 나오면서, "우리 집에서는 잘 수가 없습니다. 원수를 진 사람이 가족들을 다 죽이고 저 혼자 남아 있어 위험합니다."라고 했다.

신립은 관계없다며 집 안으로 들어섰고, 그 날 밤 원수진 사람들이 나타나 그를 죽이려 하자, 신립은 용감하게 도적을 활로 쏴 죽였다.

다음 날 아침 신립이 그곳을 떠나려 하는데 처녀는 의지할 곳도 없고 신립이 은인이라고 하며 신립과 함께 살기를 원했다. 하지만 신립이 절대 안 된다고 하며 떠나자, 처녀는 집에 불을 지르고 지붕 위에 올라가 타죽었다고 한다.

신립의 장인인 권율의 둘째 사위 이항복이 신립의 안색이 좋지 않은 것을 보고 그 까닭을 물었다. 그러자 신립이 외딴집에서의 일을 이야기하니 이항복은 못난 사람이라고 하며 앞으로 안 좋은 일이 있을 거라고 하였다.

이후 신립 장군은 이탕개의 난을 치르고 용맹함을 떨치던 때 왕이 준 상방검을 가지고 탄금대로 왜군을 막으러 갔다. 전설에 의하면, 가는 길에 그 여자가 원귀가 되어 나타나 자꾸 탄금대에 진을 치라고 했다고 한다.

다른 부관들은 평야에 배수진을 치면 절대 안 된다고 했는데, 신립은 기병 전술로 북방 여진족 이탕개의 난을 물리친 경험으로 탄금대 평야에 진을 쳐 대패를 하게 됐다.'

정동석 할아버지는 그건 전설이고 다른 견해로 생각해야 한다고 말하며 설화 이야기를 마무리했다. 위의 인터뷰에서 설화와 다른 견해가 있을 것이라고 언급한 정동석 할아버지의 이야기에 이어, 탄금대 전투의 패배에 대한 다른 견해를 이야기하고자 한다.

탄금대 전투 패배 원인

첫째, 잘못된 판단

신립과 함께 임무를 부여받고 탄금대 전투에 함께한 김여물은 무신이 아닌 문신이다. 전쟁에서 뛰어난 전략과 전술가로서의 기질을 인정받아 명장 신립과 함께 임무를 부여받았지만, 신립은 김여물이 내놓은 전술을 받아들이지 않았다.

충주 목사 이종장과 왜군을 직접 경험한 이일 장군 등 부장들의 다양한 전술이 있었음에도 신립은 기마전을 치루기 위해 험준한 요새의 조령을 포기했다. 하지만 탄금대의 지형은 강이 흐르고 수초가 무성하며 논과 밭이 있어서 기병전술을 펼치기에 적당한 장소가 아니었다.

둘째, 준비되지 않은 전략과 전술

신립은 여러 부장의 의견을 뒤로 한 채 북방에서의 경험으로 기마병을 활용한 전술을 계획한다. 신립 장군이 진두지휘 할 수 있는 기마병을 선두로 그 뒤로는 창병과 궁병 그리고 각지에서 모여든 병사 순으로 배치하였을 것이다.

하지만 달천평야는 기마 전술을 펼치기에는 논과 수렁이 많아 기병의 속도전을 발휘하기에 적합한 환경이 아니었다. 왜군의 중군이 충주성을 공격하여 점령하자 조선군은 기병을 중심으로 충주성을 향해 공격을 감행하였고 보병은 정예부대를 뒤따르는 병사들이 흩어지고 숨어버렸다고 기록한 것을 보면 조선군은 매우 혼란한 상태였을 것으로 여겨진다.

반면 일본의 조총부대는 여러 전쟁을 함께 하며 전투력과 조직력을 갖춘 정예부대로 조선과 전쟁을 하기 위해 치밀하게 정보를 수집하고 전략과 전술을 준비하였다.

조총은 발사 속도가 빠르고 명중률이 높았다. 하지만 조총을 발사하려면 많은 단계를 거쳐야 했기 때문에 장전하는 데 시간이 오래 걸렸다. 그래서 일본군은 조총 부대를 세 줄로 배치해 맨 앞줄이 사격하는 동안 나머지 줄은 장전하고 발사 준비를 하는 전술을 썼다. 이렇게 함으로써 조총 부대는 조선군을 포위할 수 있었다.

전쟁은 나 혼자 하는 싸움이 아니다. 적의 공격을 받았을 때 상대의 전략과 전술에 대응해야 한다. 내가 잘 아는 전략과 전술도 중요하지만, 상대방의 전략과 전술에 대처할 수 있는 전술을 펼쳐야 한다.

탄금대 전투에서의 대패는 적군에 대한 정보와 전술적 무지함에 대한 결과이다. 이런 점에서 신립의 전략과 전술은 아쉬움으로 남는다.

셋째, 군 체제의 약점

조정은 북방에서 6진을 지키고 있던 신립에게 경상, 전라, 충청의 병력을 총괄하는 삼도순변사의 직책을 맡겨 적진을 방어하는 임무를 부여한다.

제승방략制勝方略, 각 고을 수령이 그 곳에 소속된 군사를 이끌고 본래 머물던 진을 떠나 배정된 방어지역으로 가는 전략 제도에 따라 신립은 삼도순변사 지휘관의 직책을 받을 수 있게 된 것이다. 이 제도는 조선 전기에 을묘왜변을 겪으며 당시 진관체제의 국방 체제를 보완하기 위해 시도된 전략이다.

제승방략은 한자의 의미 그대로 적을 제압하여 승리를 이끄는 방법으로 적과의 싸움에서 승리할 수 있는 전략이다. 군사가 부족한 후방지역을 방어하기 위한 전법으로, 평상시에는 지휘관이 없는 상태를 유지하다가 적의 대규모 침공이 있는 유사시에는 각 지방에 있는 군대가 미리 정한 곳으로 모인 다음 중앙에서 내려온 장수가 지휘관이 되어 전장으로 나가는 방어 체제를 말한다.

제승방략체제는 변방의 국지전에서 효과적으로 대응할 수 있는 방법이지만, 탄금대 전투와 같은 전면전에서 취약점이 부각 됐다. 집중적 방어 거점 지역이 함락될 경우 후방에서 방어선을 다시 형성할 방법이 미약하고, 중앙 지휘관이 전선에 도착하는 시간보다 적의 진격이 빠를 경우 전장은 혼란에 빠질 수밖에 없었다.

탄금대에서 군사적 전략을 보완하지 못한 결과는 우리에게 가슴 아픈 패배로 돌아왔다. 이 전투에서의 패배를 신립장군 한 개인의 능력과 판단의 실수라고 하기에는 국가 방어 전략 체제가 미흡했다.

당대의 명장 신립 장군은 자신의 기량을 충분히 발휘하지 못하고 대 패배를 인정하기 어려웠을 것 같다. 결국, 임진왜란 이후 국방 체제는 제승방략 체제의 취약점을 보완하여 중앙군을 강화한 5군영과 지방군을 강화한 속오군으로 크게 변화하였다.

우리는 탄금대 전투의 결과만을 보고 신립을 일방적으로 비판하는 것은 아닐까? 조령에 진을 쳤더라면 어떠했을까? 다른 방법은 없었을까? 조심스러운 마음으로 여러 가지 경우를 생각해 본다.

신립의 설화와 역사적 의미

설화란 일정한 구조를 가지고 꾸며낸 구비문학이다. 역사적 사실을 그대로 이야기한 것이라기보다는 흥미와 교훈을 위해 말로 전해지는 것이 대부분이다.

설화는 구전됨으로써 그 존재를 유지하게 된다. 이야기의 세세한 부분을 그대로 기억하여 고스란히 전하는 것이 아니라 그 이야기의 핵심이 되는 구조를 기억하고 화자 개개인의 역사적 경험과 성향에 따라 다양한 필터링Filtering을 거치며 전승하게 된다.

역사가 기록을 전제로 한다는 점에서 민중이 인식한 민중의 역사는 존재할 수 없다. 다만 역사에 대한 민중의 인식과 경험을 설화라는 허구의 이야기를 통해 표출하였다. 기록의 수단을 갖지 못한 옛날, 민중은 일회성의 구비 문학을 통해 자신의 생각을 표출할 수밖에 없었다.

이러한 점에서 신립 설화는 패사 사건에 대한 민중의 역사의식이 표출된 민중의 역사라고 할 수 있다. 그 속에는 역사와 현실에 대한 민중 특유의 성찰과 비판 그리고 시대를 바라보는 민중의 내면적인 울림을 느낄 수 있다.

신립 설화는 출생부터 사망까지 고르게 일화가 전승되고 있으며 영웅의 일생 구조로 구성되어 있다. 민중은 탄금대 전투와 관련하여 긴 시간에 걸쳐 입에서 입으로 전해 내려온 신립 설화를 통해 무엇을 이야기하고 싶었던 걸까?

신립 설화는, 민중이 소망하는 영웅의 모습에 대한 기대와 믿음과 원망이 형상화 된 듯하다. 여인의 목소리를 듣고 탄금대에 진을 쳐서 허무하게 패했다는 부분에서는 믿었던 신립 부대가 민중의 기대에 부응하지 못한 것에 대한 원망이 담겨 있다. 그리고 전장에서 끝까지 맹렬히 싸웠지만, 장수로서의 능력을 충분히 발휘하지 못하고 맞이한 죽음에 대한 배려심이 느껴진다.

또한, 산속에 혼자 남게 된 처녀를 끝내 받아들이지 못한 신립의 단호한 모습은 처녀를 죽음으로 몰아갔다. 신립의 태도는 입장에 따라 다른 평가를 할 수 있겠지만, 결과적으로 보면 아쉬움으로 남는다.

전쟁 패배에 대한 시시비비를 가리기보다 극심한 혼란 속에 불안해하는 백성을 외면한 채 한성을 버리고 도주한 조정에 대한 아쉬움을 이렇게 표현한 것으로 보인다.

민중은 설화를 통해 자신들의 삶을 이해해 줄 수 있는 그런 영웅에 대한 바람을 담은 듯하다.

신립 장군 순절비

탄금대

탄금대는 신라 진흥왕 때 악성 우륵이 이곳에서 가야금을 연주한 곳이라고 해서 탄금대라고 부르게 되었다. 입구를 들어서면 안내판과 함께 탄금대 사연 노래비가 있다.

그 길을 따라가면, 광복 이후 전사한 충주, 중원 지역 순국선열과 애국지사의 넋을 추모하는 충혼탑이 있고, 그 바로 아래 팔천고혼위령탑이 있다. 왜적을 맞아 탄금대에서 나라를 지키기 위해 싸우다 장렬하게 전사한 것을 기리기 위해 세운 위령탑이다.

마침 필자가 탄금대에 간 날이 팔천고혼제를 지내는 날이었는데, 1592년 탄금대 전투 때 전사한 신립과 김여물 그리고 8천 넋을 기리기 위해 매년 음력 4월 28일 위령제를 지내고 있다.

탄금대, 열두대에서 바라본 풍경

다음은 열두대에서 내려다본 풍경이다. 열두대는 탄금대 북쪽 남한강 언덕에 있는 절벽이다. 이곳에서 신립이 전시에 12번이나 오르내리며 활줄을 물에 적셔 활을 쏘며 병사들을 독려하였다고 한다.

아비규환 속의 처절한 상황은 과거 속에 묻혔다. 현재의 탄금대는 아늑하고 평안하여 사색하며 산책하기 좋은 곳이다.

충혼탑

정충량 – 기묘사화 때 목숨 걸고 직언을 한 선비 –

하영호

조선왕조실록 중『중종실록』1507년 4월 17일 기록을 살펴보면, 염간공 정충량의 올곧은 선비정신과 충직한 신하로서의 표본을 알 수 있는 대목이 있다.

"전하, 아니되옵니다. 요즘 천재지변이 자주 보이는데, 여름철의 우박은 음이 양을 이기는 것입니다. 사람에게 비하면, 군자는 양이요 소인은 음입니다. 그러니 이것은 바로 소인이 도가 자라나는 징조입니다.

전하께서 신하들의 뜻을 구하는 명을 내리시면, 말하는 자가 반드시 유자광을 들어 말할 것입니다. 유자광은 스스로 죄에서 벗어나지 못할 것을 알고 공론을 저지하려 합니다. 그리고 감히 드러나 놓고 말하지 못하고 몰래 그 술법을 써서 은밀히 전하의 뜻을 시험한 것입니다. 이것은 지극히 간교하여 이루 다 말할 수 없는 술책일 것이니, 두려운 일이 아니겠습니까?

이 말이 바른 사람에게서 나왔다면, 그것은 망언에 불과한 것입니다. 바라건대 유자광을 멀리 외딴 변방으로 내치시어 온 백성의 기대에 맞게 하소서."

정충량이 중종 임금 앞에서 자신의 목숨을 걸고 직언한 내용이다.

정충량은 자신의 목숨을 걸고 유자광을 내쳐야 한다고 임금에게 아뢰었다. 유자광이 누구인가. 그 당시 유자광의 권세는 어느 누구도 함부로 넘볼 수 없을 만큼 높고, 그 위세 또한 대단해 임금인 중종도 어찌할 수가 없었다. 그런데 이런 사람을 두고 하급 관료인 정충량이 감히 탄핵을 시켜야 한다고 말한다는 것은 아무나 낼 수 있는 용기가 아니다.

『중종실록 2권』을 살펴보면, 잘 알 수 있다.

중종 2년 4월 22일 '예문관 봉교 정충량 등이 유자광의 극형을 아뢰니 불허하다'라는 기록을 살펴보면,

'대간, 승정원, 홍문관, 예문관이 반복하여 유자광에게 죄를 줄 것을 청하였는데, 상이 모두 따르지 않았다. 예문관 봉교奉敎 정충량 등이 차자를 올렸는데, 그 대략에, '인군이 천하에 있어서 두려워해야 할 것은 하늘의 경계요, 생각해야 할 것은 사람의 말입니다.

하늘은 높은 데 있어 말로 하기 어려우므로 변이를 보여서 경계하고, 사람은 아래에 있어 지혜가 있으므로 시비를 가려 말하는 것이니, 만약 하늘의 경계를 아득한 것이라 하여 소홀히 여기며, 사람의 말을 우연한 것이라 하여 등한히 한다면, 위망危亡이 당장 이르러 사직을 보전하지 못할 것입니다. 어찌 심히 두렵지 않겠습니까?

지금 유자광은 흉험한 음적陰賊으로 선류善類를 배제하고 사직을 위태롭게 하는데, 다행히도 하늘이 경계를 보여 정월에 우박을 내리니, 하늘이 전하를 지극히 아끼는 것입니다.

음이 양을 죽이게 되는 그 뜻을 생각하시어 하늘의 꾸지람에 보답하여야 할 터인데, 전하께서는 도리어 재변이 어찌 자광이 부른 바이겠느냐고 하시니, 이는 위로 하늘의 경계를 두려워하지 않은 것이며, 대간·홍문관·정원政院·사관史官·태학생이 하루 동안에 수십 번 소를 올려 극론하였는데 순월旬月이 지나도록 윤허하지 않으시니, 이는 아래로 사람의 말을 걱정하지 않는 것입니다.

전하께서는, 위로 하늘의 경계를 두려워 않고 아래로 사람들의 말을 생각지 않으시며, 늙고 간사한 자를 길러 화의 근원을 빚어내시니, 신 등은 전하의 마음이 어떠하신지 알지 못하겠습니다.

신과 같은 직위에 있는 사람이 말할 수 있는 자리가 아니지만, 여러 번 천위天威를 범하는 것은, 실로 보람되게 사관史官 자리에 있으면서 위로 천심을 보고 아래로 인사를 살피며 여러 문헌을 참고하니, 나라를 근심하는 마음에서 그대로 보고만 있을 수 없었기 때문입니다. 바라건대 의심 없이 쾌히 결단하시어 천심과 인심을 순히 하소서.'라고 했다.

중종은 어필로 차자 끝에 다음과 같이 썼다.

'내 뜻을 다 말하였다. 윤허하지 않는다.'

정충량의 상소가 옳다는 것을 알지만, 유자광을 내치기에는 중종 자신의 힘이 부족하다고 느낀 것이다.

정충량은 기묘사화로 아까운 목숨을 잃은 선비들의 신원을 회복시켜주기 위해 노력했지만, 뜻을 이루지 못하고 세상을 떠났다. 그가 세상을 떠난 후, 이런 공을 인정받아 염간廉簡이란 시호를 받고, '기묘명현'으로 등재되었다.

염간공 정충량을 좀 더 자세히 알기 위해 조선시대 4대 사화 중 무오사화, 갑자사화, 기묘사화에 대해 이야기 하지 않을 수 없다.

무오사화戊午史禍

유자광은『성종실록』편찬의 책임자인 이극돈과 함께 평소 눈엣가시처럼 생각했던 신진 사대부들을 제거하려고 했다. 연산군을 꼬드겨 정적을 제거한 사건이 조선 4대 사화무오사화, 갑자사화, 기묘사화, 을사사화 중 첫 사화인 무오사화이다. 1498년연산군 4년에 일어난 이 사화로 여러 죄 없는 선비들이 목숨을 잃었다.

무오사화가 벌어지게 된 것은,『성종실록』편찬을 위한 실록청 책임자인 당상을 맡은 이극돈과 실록 작성 책임자인 김일손과의 대립에서 시작되었다.

이극돈이 과거 세조비 정희왕후 국장 때 전라도 관찰사로 있으면서 근신하지 않고 기생들과 어울려 논 적이 있었는데, 김일손이 이 사실을 사초에 적은 것이다. 이극돈이 자신의 비행에 대한 기록을 삭제해달라고 김일손에게 요구했으나 그 요구가 받아들여지지 않자 둘

사이에 대립이 날로 심화되었다.

이 일로 이극돈이 김일손에 대한 앙심을 품고 있었는데, 김종직의 「조의제문」을 사초 중에서 발견하게 되었다. 이극돈은 김일손이 김종직의 제자인 것을 빌미로 삼아 김종직과 그 제자들이 주를 이루고 있는 사림파를 숙청할 목적으로 유자광을 찾아가 이 문제를 상의했다.

평소 김종직에 대한 감정이 좋지 않았던 유자광은 「조의제문」을 작성한 김종직에게 복수의 칼을 갈고 있었는데 기회가 온 것이다.

김종직이 쓴 「조의제문弔義帝文」은 '의제가 조문한다'라는 뜻이다. 김종직은 항우에게 죽은 초나라 회왕, 즉 의제를 애도하는 글을 지었는데, 이것은 세조에게 죽음을 당한 단종을 의제에 비유한 것으로 세조의 찬탈을 은근히 비난한 글이었다. 그 내용은 다음과 같다.

'정축년 10월 밀양에서 경산으로 가다가 답계역에서 잠을 잤다. 꿈 속에 신선이 나타나, "나는 초나라 회왕의제인데 항우에게 살해되어 강에 버려졌다."고 말하고 사라졌다. 잠에서 깨어나 생각해보니 회왕은 중국 초나라 사람이고, 나는 동이 사람으로 거리가 만 리나 떨어져 있는데 꿈에 나타난 징조는 무엇일까?

역사를 살펴보면, 시신을 강물에 버렸다는 기록이 없으니 아마 항우가 사람을 시켜 회왕을 죽이고 시체를 강물에 버린 것이 아닌지 알 수 없는 일이다. 이제야 글을 지어 의제를 조문한다.'

유자광은 김종직이 이처럼 세조를 비방한 것은 대역무도한 행위라며, 세조의 신임을 받았던 노사신, 윤필상 등과 모의한다. 그리고 이른 아침에 아무도 모르게 연산군의 처소에 가서 이 사실을 알렸다.

연산군은 평소에 신진사대부들이 왕의 행동을 문제 삼으며, '전하, 그리하시면 아니 되옵니다.'라는 말을 수없이 하는 것을 못마땅하게 생각하고 있었던 참이었다.

신하의 충언을 귀찮아하는 왕과 이들을 제거하려는 세력이 서로 마음이 맞은 것이다. 그 결과 김종직은 부관참시 당하고 김일손을 비롯한 신진사대부젊은 신하 권오복, 권경유, 이목, 허반 등이 참수되었다. 이 사건이 『성종실록』 관련하여 정적을 제거한 최초의 사화인 무오사화다.

정충량은 이러한 이극돈의 행실이 관리로서 옳지 못하다는 것을 알리기 위해 상소를 계속했다.

『중종실록 14권』에서 그 내용을 살펴보면 아래와 같다.

'중종 6년 안처성, 정충량 등이 이극돈 등의 일을 아뢰니 이를 불허하다.'

'조강에 나아갔다. 안처성과 정충량이 이극돈 등의 일을 아뢰고, 좌우가 대간의 말을 받아들일 것을 청했으나, 모두 윤허하지 않았다.

'이를 불허하다.'라는 기록이 말해주듯이 정충량은 끊임없이 상소를 올렸지만, 임금인 중종은 결코 그 뜻을 받아들이지 않았다.

정충량은 관직 생활 내내 임금에게 직언과 간언을 하며 선정을 베풀어야 한다고 말하는 것이 올바른 신하의 도리라고 생각했다. 그리고 무오사화와 갑자사화를 통해 인재들이 무참히 목숨을 잃은 것을 몹시 안타까워했다.

갑자사화甲子士禍

조선의 선비들이 형장의 이슬로 사라져 간 조선의 두 번째 사화인 갑자사화에 대해 알아보자.

갑자사화는 1504년연산군 10년에 연산군이 자신을 낳고 기른 어머니 폐비 윤 씨의 신원을 복원하는 문제에서 비롯된 것으로 무오사화보다 더 많은 선비가 아까운 목숨을 잃었다.

폐비 윤 씨는 연산군의 생모이자 성종대왕의 왕비로 질투와 투기심이 심해 임금으로부터 폐위된 후 사약을 받고 목숨을 잃었다. 폐비 윤 씨가 사사받을 당시 연산군은 세자로 책봉된 상태였는데 나이가 어려서 생모가 폐위되고 사사된 것을 잘 알지 못했다.

성종의 뒤를 이어 조선 10대 임금이 된 연산군은 임사홍의 밀고로 자신의 생모가 모함으로 폐위되고, 사약을 받고 죽은 사실을 알게 되었다. 그로부터 최악의 조선 선비 수난사가 시작되었는데, 이것이 바로 갑자사화다.

연산군은 자신의 어머니를 시기하여 폐비가 되도록 하고, 후환을 없애기 위해 죽이는데 공모한 성종의 후궁 엄씨, 정씨 두 명의 숙의를 가마니로 둘둘 말아 궁중 뜰에 두었다.

그리고 그들의 아들인 안양군 이항과 봉안군 이봉에게 몽둥이를 들게 한 후, 가마니를 내려치라고 했다. 이들은 가마니에 무엇이 들었는지 알지 못한 채 두려움에 떨면서 가마니를 힘껏 몽둥이로 내리쳤다.

두 명의 후궁들은 끝내 목숨을 잃었고, 어머니의 시신을 확인한 안양군과 봉안군은 그 자리에서 실신했다. 그것으로도 부족해 연산군은 훗날 안양군과 봉안군을 유배 보낸 뒤 죽였다.

그리고 억울하게 죽은 자신의 생모인 폐비 윤씨의 넋을 위로하기 위해 왕비로 추숭하고 성종의 묘에서 함께 제사를 지내려 했다. 그러나 언관 권달수가 이를 반대하자 사약을 내렸다.

연산군은 이 일을 빌미로, 자신을 견제해온 훈구 대신들과 사사건건 안 된다고 목소리를 높인 젊은 선비들을 제거하기 위해 사건을 키운다.

폐비 윤씨 사건이 일어났을 때 이에 동조하거나 방관한 사람들을 찾아내어 죄를 묻고, 사사에 찬성한 윤필상, 성준, 이세좌, 이극균, 김굉필, 이주 등 열 명을 사형시켰다.

그리고 이미 죽은 한치형, 정창손, 어세겸, 심회, 이파, 정여창, 남효온, 한명회 등은 산소를 파내고 목을 자르는 부관참시를 단행하였다.

이처럼 연산군이 자신의 생모가 폐위되고 사약을 받은 사건에 대한 원한을 갚는 것에 그치지 않고, 무자비하게 견제 세력을 제거한 사건이 갑자사화다.

연산군에게 직언을 하거나 간언을 하는 자는 역적모의를 한 것으로 취급하여 죽이므로, 다들 두려워서 그의 만행을 보고 있을 뿐 어찌할 줄 몰랐다. 갑사사화 이후 연산군의 방탕한 생활과 폭정은 더욱 심해졌다. 민생은 돌볼 생각조차 하지 않았고, 정국은 더욱 불안해졌다.

숨을 죽이고 기회를 엿보고 있던 훈구 세력막대한 토지를 가진 한 대지주 출신들이 많았으며, 다른 사상에 대해 개방적인 모습을 보였다.과 사림 세력은 건 개혁파가 많았으며, 지방에서 후진을 양성하고 학문에 몰두했다. 성리학을 배경으로 삼고, 다른 사상을 배격했다.은 서로 결속하여 연산군을 폐위시키기로 했다. 이것이 바로 중종반정이다.

중종반정과 기묘사화

연산군은 중종반정으로 폐위되어 강화 교동도로 유배를 가게 되었다. 교동도에 간 지 불과 두어 달 만에 연산군이 역질에 걸리자, 중종반정으로 왕위에 오른 중종이 약을 지어 보냈다.

그런데 어찌 된 일인지 약을 먹은 연산군은 며칠 만에 목숨을 잃고만다. 이때 연산군의 나이 겨우 서른 살이었다.

실록에는 연산군이 병으로 죽었다고 하나, 연산군이 죽은 시기가 겨울이라 역질에 걸려 죽었다는 것은 설득력이 부족하다. 중종이 보낸 약으로 인해 독살된 것이 아닌지 의심스럽다.

연산군의 폭정에 실증을 느낀 중종은 개혁 정치를 실현하기 위해 다양한 방법으로 노력했다. 그리고 중종은 훈구 세력의 그늘에서 벗어나고 싶었다. 훈구 세력은 반정에 가담하고 대대로 권세를 누리며 왕권에 대립각을 세울 만큼 위세를 부렸기 때문이다.

중종은 대의명분을 중요시하는 성리학을 장려하고자 신진사대부 중에서 성리학에 밝은 선비들의 추천을 받았다. 이때 이조판서 안당이 추천한 인물이 정암 조광조이며, 정충량, 김안국도 새로 관직에 등용되었다.

1482년성종 13년에 태어난 조광조는 정충량보다 두 살 아래였으나, 둘은 서로 추구하는 뜻이 같아서 가까운 친구였다. 1515년중종 10년 조지서 사지로 처음 관직을 시작한 조광조는 그해 가을 별시 문과 을과로 급제하여 전적, 감찰, 예조 좌랑을 맡게 되었다.

그는 유교를 정치의 근본으로 삼아야 한다는 자치주의에 따라 왕도 정치 실현을 주장했다. 조광조는 왕도 정치를 실현하기 위해서는 왕의 마음이 중요하다고 판단했으므로 왕과 신하들이 토론하는 경연을 강화하고 언론을 활성화하고자 했다.

그리고 궁중에서 도교의 제천 행사를 담당하고 있는 소격서를 폐지할 것을 주장했다. 신진사림들은 이 행사를 미신을 믿는 행사로 여겼으므로 혁파할 것을 강력히 원했다.

한편, 지방의 특산물을 나라에 진상하는 공납제도는 수송 과정에서 현실적으로 어려움이 있으므로 각 관청의 사주인들이 대신 납부하도록 제도를 개선하고자 했다. 그러나 이 실행과정에서 오히려 아전들의 부정부패와 중간 상인들의 농간이 심해졌고, 백성들의 고충이 늘어나게 되었다.

심곡서원 _ 공유마당

　중종은 이처럼 급진적인 개혁을 추진하는 조광조에게 부담을 느끼고 있었다. 그런데 우연히 훈구파 세력 중에서 홍경주, 남곤, 심정 등이 조광조를 제거할 계획을 세우고 있는 것을 알게 되었다.

　그들은 중종의 후궁인 희빈 홍 씨를 앞세워 대궐의 나뭇잎에 과일즙으로 '주초위왕走肖爲王'이라는 글자를 써 벌레들이 파먹게 한 다음 이를 중종에게 바치게 한다.

　글자를 조합하면 '조 씨 성을 가진 사람이 왕이 된다'라는 뜻이니, 중종은 조광조를 가리키는 것이라며 조광조를 탄핵하기에 이른다.

　도학 정치에 염증을 느낀 중종이 혁신 개혁을 추진하던 조광조를 시기한 훈구 세력들의 뜻에 이끌려 조광조가 무죄임을 알면서도 조광조에게 사약을 내린 것이다.

사약을 받은 조광조는 바로 죽지 않았다. 이 모습을 지켜보던 포졸들이 조광조의 목을 묶어 죽이려 하자,

"성상이 이 미천한 신하인 나의 머리를 보호하려고 사약을 내렸는데, 너희들이 어찌 감히 이따위 짓을 하려는 거냐?"라며 질책하고, 독약을 탄 소주를 마신 후 피를 토하며 죽었다.

1519년중종 14년 조광조는 37세의 나이로 세상을 떠났고, 그를 따르던 신진사대부들도 목숨을 잃은 사건이 1519년중종 14년에 일어난 '기묘사화'다.

바른말 하는 정충량

정충량은 이조 참의로 있을 때 조광조, 김정 등과 서로 도학으로 교분을 맺고 있었다. 그런데 기묘사화가 일어나 조광조 등 서른 여명이 심한 형벌을 당하게 되자, 이들을 구원하려고 나섰다.

그러나 오히려 조광조와 한 무리라는 누명을 쓰게 되었다. 정충량은 사헌부와 사간원으로부터 탄핵을 받아 1522년 공조참의로 좌천되었다. 정충량은 더는 조정에서 일할 수 없음을 깨닫고 사직 상소를 올린 후 낙향했다.

그때 정충량이 낙향한 곳이 바로 광주시 장지동옛 지명 담안, 현재 광주시 차량등록사업소 맞은편 동네이다.

기묘사화가 일어난 다음날인 11월16일 정충량은 동료들과 함께 조

광조 등의 형벌이 부당하다고 아뢰었다. 『중종실록』의 기록을 한번 살펴보기로 하자.

'한성부 좌윤 민상인, 우윤 최한홍, 호조 참판 김당, 공조참판 윤세호, 이조참판 윤은보, 예조참판 최명창, 예조참의 윤은필, 이조참의 정충량, 형조참의 정순붕' 등이 임금에게 아뢰었다.

"조광조 등에게 어찌 다른 생각이 있겠습니까. 임금님을 믿고 그 배운 바를 행하여 인심과 풍속이 순후하게 되고 조정이 창명해지게 하고자 한 것입니다. 그런데 지금은 붕당으로 지목하여 죄를 주려하기에 이르렀으니 신 등은 전하의 뜻을 알 수 없으며 놀라워서 감히 아룁니다."

"내가 붕비朋比라고 한 말은 붕당朋黨이라 한 것이나 다름없다. 조정에 크게 그르친 일이 있는 것을 경들이 모르는가?"라고 말하며 중종은 직접 뵙고자 하는 신하들의 청을 받아들이지 않았다.

정충량 자신도 역모에 몰려 능지처사를 당할 수 있는 상황이었다. 그런데도 자신의 안위를 먼저 걱정하기보다 올곧은 선비들이 음모로 인해 죽게 되는 사실을 외면하지 않았던 것이다.

염간공 정충량은 누구인가?

1480성종 11년~ 1523중종 18년. 조선 중기의 문신으로 본관은 동래東萊. 자는 숙간叔幹. 호는 마재磨齋, 시호는 염간廉簡, 청렴할 염, 대쪽 간이다. 정난손의 손자이고, 아버지는 형조판서 정광세이며, 어머니는 배조의 딸이다.

염간공 정충량은 주위 사람들로부터 '침착하고 행동이 곧으며 말이 없고 근검하였을 뿐만 아니라, 천성이 청렴하고 강개하게 지조가 있어 담박하여 명리에 급급하지 않았다'라는 평을 받았다.

1506년 중종 원년 27세의 나이로 별시문과에 급제한 정충량은 연산군 사망 직후인 중종1년 11월에 연산군일기의 편찬에 역사기록과 편찬을 담당하는 종5품의 관직인 기주관으로 참여했다.

1507년 예문과 봉교임금의 교칙을 마련하는 정7품의 관직로 재직하며 무오사화로 억울하게 목숨을 잃은 신료들의 신원을 바로 잡아줄 것과 사관의 직필을 보장해 줄 것을 왕에게 수차례 상소하였다. 그러나 이 또한 받아들여지지 않았다.

정충량 선생 신도비

1511년 사간원 헌납으로 승진한 정충량은 무오사화의 주모자인 유자광의 횡포를 두고 볼 수 없어서 유자광의 관직과 훈작을 삭탈하고 귀양을 보내야 한다고 중종 임금에게 거듭 주장했다.

또한, 조광조와 당숙인 대제학 정광필, 좌의정 안당 등과 함께 중종반정 공신들의 횡포를 막는 데도 앞장섰다. 그러나 안타깝게도 정충량의 상소는 받아들여 지지 않는다.

정충량은 1518년 홍문관 직제학을 거쳐 1519년 도승지가 되어 중종의 개혁 정치를 보필하고 있었다. 그런데 그해 11월 심정, 남곤 등의 훈구파는 성리학을 앞세워 개혁을 강행해 자신들의 처지를 곤란하게 만든 신진사림과 조광조 등을 죽이거나 유배를 보내고, 관직을 삭탈하는 '기묘사화'를 일으킨다.

훈구파들은 이를 계기로 권력을 다시 행사하게 된 것이다. 훈구파는 사헌부와 사간원을 앞세워 도승지에 오른 지 6개월도 안 된 정충량을 물러나게 해야 한다고 상소를 올린다. 중종은 정충량을 신임하고 있었지만, 훈구파의 주장을 완전히 무시할 수 없었으므로 정충량을 이조참의로 좌천시킨다. 또다시 훈구 세력들의 간언으로 정충량은 이조참의에서 공조참의로 좌천되었다.

정충량은 더는 개혁의 명분을 찾을 수 없었다. 그래서 관직을 버리고 경기도 광주시 장지동옛 지명 담안으로 들어온 후 2년이 채 못 되어 44세로 파란의 세월을 마감했다.

1519년 기묘사화가 있은 지 22년이 지나 훈구 세력들이 밀려나고 신진사대부들의 신원이 회복되었다. 정충량도 기묘명현으로 등재되어 자헌대부 사헌부 대사헌에 증직되었고, 염간廉簡이란 시호를 하사받았다.

이로써 염간공 정충량을 비롯해 기묘사화 때 억울하게 목숨을 잃은 많은 사람들의 명예가 회복되었다.

광주시 기념물 제10호, 동래 정씨 묘역과 석물

동래 정씨 소평공파 종중 묘역은 엄격한 장자 승계 원칙과 위계질서에 따라 조성되었다. 묘역에는 500년 전 조선시대 중기의 석물과 250년 된 조선시대 후기 석물이 함께 있어, 조선 중기의 복두 공복 양식에서 금관조복으로 바뀐 문인석의 변화를 알 수 있는 귀중한 연구 자료라고 평가받고 있다. 2013년 10월 15일 동래정씨 소평공파 종중 묘역 및 석물은 '광주시 기념물 제10호'로 지정받았다.

정충량의 묘갈은, 선생과 함께 개혁 정치를 이끌던 김안국이 비문을 작성하고 당대의 명필로 인정받은 김희수가 글씨를 썼다.

김안국은 정충량의 묘갈명을 찬하면서, '소평공정충량의 아버지 정광세'이 나의 아버지와 교분이 두터우며 나는 염간공과 더불어 집안이 통하여 어릴 때부터 같이 배웠다. 연산군 7년에 진사와 생원에 같이 급제하였고, 또한 뜻이 통하고 같은 직업으로 두텁게 사귄지라 나는 그대 알기를 다하였다'고 칭송하고, '그대 성품이 조용하여 말을 함부로 하지 않으며 사람의 허물을 들어내기 좋아하지 않으며 담박하게 아무런 경향이 없이 순하게 있을 따름이라. 오호라. 그대와 같은 마음씨가 세상에서 어찌 있기가 쉬우랴'라고 극찬했다.

정충량 선생 묘소

정뇌경 – 청나라까지 자원해서 따라간 소현세자의 스승 –

하영호

정뇌경 선생 영정

충정공 정뇌경은 조선 후기의 문신으로 선조 때 태어나 인조 때 세상을 떠났다. 병자호란으로 인조가 남한산성에 피난을 갈 때 인조를 모셨으며, 인조가 청나라 태종에게 항복한 뒤 소현세자가 볼모로 청나라 심양에 잡혀가게 되자, 아무도 가지 않으려고 하는 청나라에 자청해 따라 간 분이다.

정뇌경에 대해 이야기를 시작하기 전에 정묘호란과 병자호란에 대해 먼저 알아보기로 하자.

그 당시 임금은 1623년에 인조반정을 일으켜 광해군을 몰아내고 새로 왕이 된 조선 16대 임금 인조였다. 1627년 임금이 된 지 4년 만에 청나라의 1차 침략을 당하게 되자 우리나라는 임진왜란 후 또 다시 큰 시련을 맞게 되었다. 그것이 정묘호란이다.

그 후 1636년 12월 9일 청나라의 홍타이지가 12만 대군을 이끌고 압록강을 건너 조선을 침략했으니 이것이 병자호란이다.

청나라의 1차 침입 정묘호란

청나라는 원래 누루하치가 만주의 여진족들을 통합하여 세운 금나라였다. 여진족은 두만강 위쪽 옛날 우리 조상인 발해 민족이 살던 만주 땅에서 살던 부족이었다. 작은 부족 단위로 모여 살던 그들은 서로 영토를 차지하기 위한 전쟁을 수시로 치렀다. 그들을 통합할 강력한 인물이 나오지 않았기 때문이었다.

그런데 누루하치라는 인물이 나타나 부족들을 하나씩 규합하기 시작했다. 그리고 모든 부족국가들이 그에게 항복하면서 후금이라는 새로운 국가를 만들게 되었다. 후금이라는 새로운 나라를 만든 후, 누루하치는 명나라를 정복하겠다고 의지를 다졌다.

그런데 명나라와 친한 조선이 명나라를 도와 자신들의 뒤를 공격할 거라 생각하고, 명나라를 공격할 때를 대비해 미리 위험 요소를 제거하기 위해 벌인 전쟁이 1627년에 우리 조선을 침략한 정묘호란이다.

정묘호란은 1627년 1월 초부터 3월 중순까지 약 2개월 동안 벌어졌다. 인조가 강화도로 피신하자 더는 공격하지 않았고, 형제 관계를 맺자고 제안한 그들의 요구를 조선이 받아들이면서 전쟁이 끝났다.

누루하치가 병에 걸려 죽자, 1634년 후금은 누루하치의 여덟 번째 아들인 홍타이지가 왕위에 오른다. 홍타이지는 매우 용맹하고 거칠며, 군사를 이끄는 능력이 대단한 인물이었다.

왕위에 오른 홍타이지는 힘을 길러 1634년 나라 이름을 '청'이라 하고, 황제국임을 선포했다. 그리고 우리 조선에 용골대와 마부대라는 장수를 사신으로 보내, 청나라를 황제국으로 받들지 않으면 대군을 이끌고 쳐들어올 것이라고 엄포를 놓았다.

그동안 조선과 후금은 형제의 나라였다. 그런데 이제 군신지의君臣之義 즉, 청나라는 황제의 나라이며 조선은 신하의 나라이니 임금으로 받들 것을 요구한 것이다. 조선의 임금과 관리들은 이를 받아들일 수 없다고 강하게 불만을 나타내며 전쟁도 불사하겠다고 했다.

인조는 청나라가 쳐들어올 것 같으니 대비하라는 비밀문서를 평안감사에게 보냈다. 그런데 그 문서는 청나라의 앞잡이 정명수 손에 들어가 홍타이지에게 전해지고 말았다.

이 문서를 받아 든 홍타이지는,

"조선은 명나라와의 의리를 끊지 못하고 있다. 그리고 우리 청나라를 황제국으로 인정하지 않고 전쟁을 준비하고 있으니 쳐들어가서 부숴버려야겠다."라며 12만 대군을 이끌고 침략을 꾀하게 되었다.

그럼, 조선은 청나라가 쳐들어온다고 사신까지 보내 알렸으니 청나라와 전쟁을 치를 준비를 하고 있었던 걸까?

참으로 아쉬운 일이지만, 전혀 준비되어 있지 않았다. 말로만 전쟁을 치르겠다고 호언장담한 것이다.

예상했던 대로 청나라 황제 홍타이지는 1636년 12월에 조선을 침략했는데, 이것이 바로 병자호란이다.

청나라의 2차 침입 병자호란

1636년 12월 2일 청나라 홍타이지는 심양에서 12만 대군을 이끌고 조선을 향해 진군을 시작했다. 12월 9일 압록강이 얼어있어서 배를 타지 않고도 강을 쉽게 건너 12월 13일 서울시 은평구까지 밀고 내려왔다. 여기 나오는 모든 날짜는 음력이며, 음력은 대개 양력보다 한 달 가량 늦다.

겨울철 압록강 지역의 평균 기온은 남한보다 약 7도~10도 이상 낮다. 압록강의 얼음이 두껍게 얼어 말이나 수레를 끌고 쉽게 넘어올 수 있었다. 그래서 그들이 처음 조선을 침략한 정묘호란도 1627년 1월, 겨울철을 이용한 것이다.

청나라 기병들은 기습적으로 조선을 침략하여 13일 만에 임금이 있는 한양까지 쳐들어 왔다. 그런데도 조정에서는 끝까지 싸우자는 척화파와 화의를 하자는 주화파가 서로 의견만 내세우고 결론을 내지 못한 채 우왕좌왕하고 있었다.

인조는 정묘호란 때 강화도로 피신해 몸을 보전할 수 있었으므로 이번에도 강화도로 피신을 가려고 마음먹고 있었다. 12월 13일 청나라의 기습공격이 있자, 인조는 먼저 소현세자의 동생이며 17대 임금이 될 봉림대군과 왕족들을 먼저 강화도로 피신을 시켰다.

그리고 자신도 곧바로 뒤따라 강화도로 피신을 가려고 했으나 청나라 선봉대가 인조의 앞길을 막아섰다. 강화도로 피신을 가지 못하게 되자 어쩔 수 없이 눈이 엄청나게 많이 내리는 12월 14일 남한산성으로 피신하게 되었다.

남한산성 수어장대 _ 경기도 광주시 홈페이지

그렇게 갑작스레 남한산성으로 들어오게 된 인조와 조정의 대신들은 식량이 한 달 치 정도밖에 준비되어 있지 않았는데, 두 달 가까이 전쟁이 지속되자 어쩔 수 없이 1637년 1월 30일 지금의 서울 송파구 삼전동현재 롯데월드 옆에서 청나라 황제 홍타이지에게 세 번 절하고 아홉 번 머리를 숙이는 '삼배구고두'의 예를 표하며 항복을 하게 되었다. 이것이 병자호란의 굴욕이다.

인조가 항복한 후, 청나라는 압록강의 얼음이 녹기 전에 자신들의 고향인 심양으로 돌아가야 했으므로 2월15일부터 서둘러 길을 나섰다. 그리고 조선에서 많은 사람을 끌고 갔는데, 이때 잡혀간 사람들이 약 60만 명이라고 한다.

그 당시 조선 전체 인구수가 약1,500만 명으로 지금의 1/5 수준인 점을 생각하면, 엄청난 숫자가 끌려간 것이다. 이때 가장 많이 끌려간 사람은 젊은 여자들이었다. 소현세자와 부인 강 씨와 세손, 그리고 봉림대군과 부인과 자식 등도 함께 끌려가게 되었다.

그런데 소현세자와 봉림대군을 심양까지 모시고 갈 사람이 꼭 필요한데 아무도 따라나서지 않았다. 볼모로 잡혀가는데 따라갔다가는 살아서 돌아오기 어렵다고 생각했기 때문이다.

그런데 정뇌경은 달랐다. 그는 자신이 소현세자의 교육을 책임지고 있는 세자시강원이니 자신이 모시고 가겠다고 자청한 것이다.

남한산성 행궁 상궐병자호란이 일어나 인조임금이 피신한 남한산성 행궁 _ 경기도 광주시 홈페이지

정뇌경은 누구인가

　정뇌경은 1608년선조 41년 7월 4일 충청남도 홍양현재 홍성에서 태어났다. 자는 진백이고, 호는 운계이다. 두 살 때 아버지가 돌아가신 후 외가에서 어머니 연산 서 씨의 정성으로 학업에 열중할 수 있었다.

　정뇌경은 어려서부터 총명하고 책의 내용을 이해하는 능력이 뛰어났으며, 글을 짓는 능력 또한 또래 친구보다 우수했다. 자라면서 이모부인 기평군 유백증의 집에 지냈는데, 글을 짓는 기량이 날로 향상되어 스무 살 때는 여러 사람으로부터 널리 칭찬을 받았다. 성품이

겸손하고 나라에 대한 충성심과 부모에 대한 효심 또한 대단한 인물이었다.

1630년인조 8년 23살 때 청나라 황제의 아들 탄생을 축하하는 과거 시험에서 장원급제한 정뇌경은 곧바로 성균관 전적정6품에 임명되어 관직에 나아가게 되었다. 관직 생활을 하는 동안 청렴하고 강직한 관리로 주어진 임무를 성실히 해냈다.

1629년인조 7년에 네 살 아래인 파평 윤씨 집안인 윤상현의 딸과 혼인하여 아들 정유악을 낳았다. 1634년인조 13년 10월, 그의 나이 스물여덟 살 때 홍문관 교리에 임명되었다. 그리고 병자호란 때 오랑캐인 청나라와 끝까지 싸워야 한다고 척화를 주장한 삼학사홍익한, 윤집, 오달재와 함께 임금과 세자의 학문을 보필하는 홍문관에 근무하였다.

1636년인조 14년 12월. 병자호란이 일어나 인조가 조정 백관들을 데리고 남한산성으로 피신하게 되자 함께 머물며 인조의 군사 참모 역할을 했다.

1637년인조 15년 2월. 병자호란이 끝난 후 많은 사람이 청나라에 인질로 끌려갈 때, 정뇌경은 자청하여 소현세자와 봉림대군 등을 보필하며 심양에 갔다.

소현세자와 정뇌경

"세자저하, 만고의 역적 정명수는 조국을 배반하고, 백성들의 피를 빨아먹는 벌레와 같은 존재입니다. 반드시 제거해야 나라와 백성이 살 수 있으니, 역적 정명수를 처단해야 합니다."

굳은 의지에 찬 정뇌경은 소현세자 앞에 엎드려 고하자, 소현세자가 염려하며 말했다.

"나라와 백성을 생각하는 그대의 충심은 잘 알고 있지만, 그를 제거하는 것이 어찌 간단한 일이겠는가? 이 일로 진정으로 아끼는 신하를 잃게 되지 않을까 그것이 걱정이오."

정뇌경은 불의를 보면 참지 못하는 성격이었다. 그래서 뜻을 같이하는 동지들과 함께 적당한 날을 잡아 정명수를 처단하기로 계획하고 만반의 준비를 했다.

기회를 엿보던 중에 마침 이들이 우리나라에서 청나라에 보내는 세폐歲幣를 도둑질하자, 이들과 사이가 좋지 않은 청나라 사람을 시켜 그 죄상을 고발하고 그들의 처벌을 주장한 것이다.

그러나 한 사람의 배신으로 역적 정명수가 이미 증거를 없앤 뒤여서 그를 처단하는 일은 실패하고 말았다. 그리고 도리어 정뇌경이 청나라 관헌에게 잡혔다. 정뇌경이 청나라의 법에 따라 교수형을 당할 위험한 상황에 빠지게 된 것이다.

정명수를 제거하기 위해 뜻을 같이한 사람은 여럿이었다. 정뇌경은 갖은 고문을 받으면서도 끝까지 혼자 한 것이라고 주장했다. 덕분에 다른 사람들은 목숨을 건질 수 있었다.

청나라는 정묘호란과 병자호란으로 조선을 두 번이나 침략했으며, 조선의 죄 없는 백성들을 마구 죽였다. 어린 여자들을 잡아가 노예로 삼았고, 이렇게 끌고 간 사람들을 비싼 돈을 받고 다른 사람에게 팔아넘기기까지 했다. 우리나라 백성들을 팔고 사는 매매시장이 생길 정도였다.

이런 철천지원수인 청나라를 위해 같은 민족인 조선 사람들을 배신하고 갖은 횡포를 부린 정명수를 제거하려다가, 정뇌경은 그 뜻을 이루지 못한 채 도리어 누명을 쓰고 청나라 심양 서문 밖에서 교수형을 당해 숨을 거둔다. 그 때 그의 나이 32세였다.

정뇌경의 시신을 마주한 소현세자와 봉림대군효종은 자기 옷을 벗어 염斂을 했다고 한다. 처음에는 도승지에 추증되었다가 다시 이조참판에 추증되었으며, 뒤에 찬성을 더하였다. 시호는 충정忠貞이다.

정명수의 악행

일제강점기에 이완용이라는 매국노가 있었다면, 그보다 앞선 병자호란이 일어났을 때는 정명수라는 매국노가 있었다. 그런데 두 사람이 다른 점이 있다.

이완용은 나라를 통째로 팔아먹었는데도 여전히 그의 후손이 이 땅에서 잘 살고 있는데 반해, 정명수는 식솔 중 일부가 청나라 사람이 되었고, 조선 땅에 남은 자손들은 모두 사형을 당했다는 점이다.

광해군의 중립외교 시험무대인 명과 청의 전쟁에서 조선은 명나라의 요청에 의해 전쟁에 1만 5천여 병사를 이끌고 전쟁에 참여한다. 하지만 광해군은 전쟁의 양상을 잘 보고 판단하여 청나라에 항복하라는 밀명을 강홍립에게 내린다.

그 후 조선의 병사들은 대부분 조국으로 돌아왔는데, 강홍립을 따라갔다가 포로가 된 정명수와 김이 등은 우리나라 사정을 청나라에 알려주면서 청나라 황제의 신임을 얻고 있었다. 또한 조선어와 만주어에 능통한 정명수는 청나라 쪽 통역을 맡아 역관으로 활동하다가 홍타이지, 용골대 등의 책사로 임명되면서 승승장구 한다. 그는 조선의 임금을 모독하고 조정의 일을 하는 벼슬아치들을 업신여기며, 관직이나 뇌물을 요구하는 등 갖은 행패를 다 부렸다.

정명수는 평안도 은산에서 태어나 은산현 관청에 속한 노비였다. 그는 성품이 교활하고 사리사욕에 눈 먼 매국노요, 민족 반역자로 그의 악랄한 행동에 온 조정 대신들이 치를 떨며, 이를 갈았다. 그러나 청나라에 빌붙어 있으며 신임을 받고 있어서 그를 제거할 방법이 없었다.

그의 악랄한 행동은 은산현 노비로 있다가 강홍립 장군을 따라 종군을 하러 떠나기 전에 어떠한 연유인지는 알 수 없으나, 은산 수령에게 곤장을 맞은 것에 대한 분풀이가 그 원인이었던 것 같다. 훗날 이 일로 인해 누구도 예상하지 못한 큰 재앙이 조선에 일어났다.

1636년인조 14년 3월, 조선 조정에서는 청나라의 침입에 대비하라는 문서를 전국의 감사監司, 지금의 시장, 군수들에게 내린 후 이를 비밀문서로 전하게 하였다.

그런데 평안 감사에게 보내는 비밀문서를 청으로 돌아가는 용골대와 정명수의 복병에게 빼앗기고 만다. 정명수는 비밀문서를 청나라에 보내어, '조선이 화의를 끊고, 청나라의 침입이 있을 것이니 성벽을 높게 쌓고 대비하라고 한다'라며 청나라 황제 홍타이지에게 알려 준다. 이 사건은 청나라가 조선을 침략하는 병자호란이 일어나게 하는 직접적인 원인을 제공했다.

청나라의 역관으로 용골대, 마부대와 함께 조선에 온 정명수에게 영의정 김류는, '조선을 위해 애를 좀 써달라'고 부탁한다. 그러나 정명수는 '나는 부모가 노비라 태어날 때부터 노비였다. 조선에서 노비는 사람이 아니다. 나를 다시는 조선 사람이라 부르지 마라!'고 하며 질책했다.

정명수는 병자호란이 끝난 후 심양에 볼모로 잡혀있는 소현세자와 봉림대군 그리고 조선의 신료들에게 행패를 부리는 것은 물론, 조선에서 매년 청나라에 바치는 물건을 자기 마음대로 가로채기도 하고, 물품의 목록을 보고 수량이 적다고 트집을 잡기도 했다.

또한, 그의 악랄한 행동은 청나라와 끝까지 싸울 것을 주장한 척화파의 삼학사홍익한, 윤집, 오달제, 현재 남한산성 현절사에 모셔져 있음가 심양에 끌려와 있을 때, 그들을 도와주기는커녕 협박하고 고문하는데 앞장서기도 했다.

또한, 병자호란이 끝난 후 청나라에 볼모로 끌려가는 소현세자와 봉림대군에게 행군이 지체되는 것을 빌미로 행패를 부리는 등, 이루

말할 수 없는 악행을 저질렀다.

조선 조정에서는 그래도 조선 사람이니 조금이라도 우리나라에 도움이 될까 기대하고 정명수에게 영중추부사정2품, 영의정과 같은 동급라는 높은 관직을 주었다. 그의 친척들에게도 관직을 주었고, 그가 태어난 은산현을 은산부로 승격을 시켜주는 등 여러 가지 회유책을 써보기도 했다. 그러나 그의 악행은 더하면 더했지 줄어들지 않았다.

청나라의 회유에도 불구하고 끝까지 청나라에 굴하지 않은 홍익한, 윤집, 오달재는 결국 청나라에 의해 목숨을 잃고 만다. 정뇌경은 그들의 시신을 수습하기 위해 정명수에게 간곡히 요청하였으나, 끝내 들어주지 않아 삼학사의 시신은 청나라 땅 여러 곳에 흩어지는 치욕적인 수모를 겪어야만 했다.

이렇게 정명수가 악랄한 짓을 하는데도 사람들은 후환이 두려워서 그에게 대항하지 못했다. 그의 악행은 일일이 열거할 수 없을 정도여서 모두 치를 떨었다. 청나라에서 조차 정명수의 악행이 너무 심하다고 질책하는 사람들이 있을 정도였다. 그런데 정명수는 청나라 사람보다 조선 사람들에게 훨씬 더 심한 짓을 했다.

1653년효종 4년 결국 정명수의 거짓되고 악랄한 행동이 탄로가 나자 청나라 조정에서는 그의 관직을 빼앗고 전 재산을 몰수한 후 만주벌판으로 내쫓았다. 그는 조국인 조선 땅에도 돌아오지 못하고 일 년만에 거리를 헤매다가 죽었다고 한다.

조선 17대 왕 효종은 그 소식을 듣고 '우리나라 백성의 기쁨을 어찌 이루 말할 수 있겠는가'라고 청나라 사신에게 말했다. 평안 감사

허적은 역적 정명수의 일당 수십 명을 임금에게 보고한 후, 그들을 모조리 잡아들여 사형에 처했다.

정뇌경의 죽음에 관한 역사적 기록

정뇌경은 나라에 대한 충성심과 백성을 생각하는 애민 정신으로 자신의 목숨을 걸고 민족 반역자 정명수를 제거하기 위해 치밀하게 계획을 세웠다. 그러나 한 사람의 배신으로 인해 거꾸로 억울한 누명을 쓰고 죽음의 위기에 몰렸다.

충신의 죽음을 그냥 보고만 있을 수 없었던 소현세자는 그를 살리기 위해 온갖 노력을 다했지만 구해 낼 수 없자, 당시 상황에 대한 문서를 본국의 인조 임금에게 보낸다.

문서를 받아 든 임금과 조정 대신들은 돈이 들더라도 정뇌경을 구해야 한다고 한마음으로 나섰지만, 나라의 힘이 부족하여 결국 그를 구해내지 못했다.

인조는 그해 8월 왕실의 묘 자리로 정해두었던 능현재 광주시 장지동 677-15자리를 하사하여 정뇌경의 묘로 사용하도록 하였다.

정뇌경이 옥중에 있으면서 가까운 친구 민응협에게 쓴 글을 읽어보자. 이 글에도 역적 정명수를 제거하지 못한 아쉬움이 가득 담겨 있다.

지나간 조급한 계획의 그릇됨을 깨달아

그대의 충고 섞인 위로에 머리를 숙이네.

세상에 무익한 몸, 살아서 무엇 하겠나?

나라의 역적을 제거하지 못하니 죽어서도 걱정일세

눈에 뵈는 풍광은 봄이 반쯤 왔는데

생각나는 고향 길을 어이 가보겠나?

혼이나마 남쪽 가는 학이 된다면

원망스러운 서하 땅에 오래도록 묵는 것보다 나을 것일세.

조선왕조실록에 기록된 정뇌경 죽음에 관련된 내용을 살펴보면, '정명수의 무리가 정뇌경을 나오라고 독촉하자 정뇌경이 새 옷으로 갈아입고 관문 밖에서 소현세자에게 하직 인사를 하니, 소현세자가 그를 맞이하고 술을 하사하였다.

정뇌경이 하직 인사를 하고 나가 대문 안에서 동쪽으로 본국을 향해 네 번 절하고 또 그의 어머니가 계신 곳을 향하여 두 번 절하고 나가니, 청나라 사람들이 달려들어 목 졸라 죽였다.'라고 기록하고 있다.

그의 죽음에 대해 인조는 눈물을 흘리며 지시하기를,

"정뇌경의 죽음이 몹시 놀랍고 참혹하다. 그를 장사치를 장례용품을 마련하여 예로써 장사를 치르게 하고, 그의 어미와 아내에게는 매달 양식과 찬거리를 주어 나의 애처로워하는 뜻을 표하게 하라."고 하였다.

정뇌경과 광주의 인연

정뇌경을 살리고자 노력했지만 끝내 그를 살리지 못하자 인조는 안타까워서 어찌할 줄 몰랐다. 인조는 그의 무덤만이라도 정성으로 만들어주고자 평소에 왕실의 가족들이 세상을 떠나면 쓰려고 준비해 두었던 명당인 광주시 태전동, 옛 지명 '태봉'이 내려다보이는 작은 언덕에 그의 무덤을 쓰게 하였다. 그러나 조정의 대신들이 완강히 반대하고 나섰다.

"전하 그것은 아니 될 말씀이십니다. 어찌 왕실에서 정해놓은 자리를 신하에게 내어줄 수 있단 말입니까? 그곳 말고 다른 곳을 정해주심이 옳을 줄 아옵니다. 부디 명을 거두어 주십시오!"

그러한 반대에도 불구하고 인조는 뜻을 굽히지 않고 강력하게 말했다.

"왕실의 종친이 돌아가면 쓰려고 준비해 두었던 곳이고, 성종대왕의 태가 묻힌 태봉을 내려다보는 곳이지만, 나라를 위하여 자신의 목숨을 기꺼이 바친 충신에게 이렇게라도 보답하는 것이 도리라고 생각한다. 내 뜻이 그러하니 그 누구도 반대하지 말라."고 명하였다.

그렇게 하여 정뇌경은 청나라 심양에서 목숨을 잃은 후 시신을 고향인 충청도에 모시지 않고, 성종의 태실을 모신 태봉이 바라보이는 현 광주시 장지동 언덕에 모시게 되었다.

옛날에는 태전동을 '태봉胎峯'이라고 불렀다. 조선 왕실에서는 아기를 낳을때 엄마와 아기를 연결해 준 탯줄을 잘라 항아리에 담아 가장 경치가 좋은 자리에 묻었는데, 그 곳을 '태봉'이라고 한다.

광주시에는 태봉이 다섯 곳 있는데, 그중 한 곳이 광주시 태전동 중앙에 있는 조그마한 봉우리이다. 그 태봉에 조선 9대 임금인 성종 대왕의 탯줄을 담은 항아리를 묻었다.

그러나 지금은 곳에 태를 담은 항아리가 묻혀 있지 않다. 일본이 우리나라를 강제로 지배할 때, 전국 곳곳에 묻혀있던 항아리를 전부 파내어 창경궁으로 옮겼기 때문이다.

일본이 항아리를 모두 옮긴 까닭은, 탯줄을 묻은 곳이 우리나라 사람들에게 좋은 기운을 전해주는 곳이라 여기고 그 기운을 약하게 만들려고 그렇게 한 것이었다.

태봉이 바라보이는 곳에 신하의 묘를 쓰는 것은 조정에서 허락할 수 없는 일이지만, 인조의 명령에 의해 정뇌경 묘를 쓸 수 있게 된 것이다.

정뇌경 선생 신도비, 우암 송시열 선생이 글을 지었다.

정뇌경 선생 사당, 충정사광주시 장지동

정뇌경 선생에게 배울 점

사람은 누구나 자신의 목숨을 소중하게 여긴다. 누군가에 의해 죽임을 당해야만 한다면 정말로 두렵고 무서울 것이다. 그러나 이런 두려움과 무서움을 이겨내고 기꺼이 자신의 목숨을 바쳐서라도 나라를 지키겠다는 굳은 의지를 가진 사람이 바로 충신忠臣, 충성 충, 신하 신이다.

병자호란 때 우리나라에 갖은 횡포를 부리며 백성을 못살게 한 역적 정명수를 제거하지 못하고 거꾸로 모함에 빠져 청나라에 의해 죽임을 당해야 하는 상황에서도 끝까지 의지를 굽히지 않은 정뇌경의 충성스러운 뜻을 본받아야 하겠다.

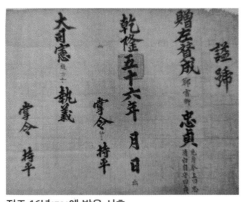

정조 16년1791에 받은 시호

정조는,

"정뇌경의 순결한 충성과 높은 절개는 오달재·홍익한·윤집 등 세 신하와 비교해서 그 우위를 가리기 어렵다."며 충정忠貞이란 시호를 내리고 불천위에 전에 큰 공을 세워 영원히 사당에 모시기를 나라에서 허락한 신위를 허락하며, 정문을 세우도록 명하였다.

정뇌경 선생에게 내려준 시호인 충정공忠貞公의 뜻은, 충성스럽고 곧은 성품을 가졌으며, 일을 공정하게 처리하는 신하라는 뜻이다. 선생이 받은 시호에 충忠을 쓴 것은 나라를 생각하고 백성을 생각하는 마음이 뛰어난 사람에게 붙여주는 것이므로 그 의미가 깊다.

3 부

이벽 조선 천주교회 창립 선조

안정복 정조대왕의 스승

이종훈 동학농민운동과 독립운동에 온 몸을 던진 지도자

신익희 독립운동가이며 교육자

최은희 영화 같은 삶을 살았던 배우이며 교육자, 영화감독

이벽 – 조선 천주교회 창립 선조 –

이주연

**이벽 선생 영정 _ 경기도 광주
시 홈페이지**

광암 이벽1754(영조 30년)~1785(정조 9년)은
조선 땅에 새로운 종교인 천주교가 뿌리를
내릴 수 있도록 이끈 인물이다.

이벽을 중심으로 진행되었던 천진암에
서의 연구 모임은, 우리나라에 서양선교사
가 들어와 천주교를 전파하기 전에 우리
스스로 교리를 공부해 신앙을 갖는 계기
가 되었다. 그리고 훗날 우리나라에 천주
교 신자들이 있으니, 제대로 신자생활을 할 수 있게 정식으로 사제를
파견해 줄 것을 로마 교황청에 요청했다. 이는 전세계에서 유래가 없
는 일이었다. 한국 천주교회 역사와 관련된 이 모든 일은 이벽에 의
해 시작되었다.

위대한 학자나 사상가 뒤에는 영향을 크게 준 인물이 있게 마련인

데, 다산 정약용에게 이벽은 그런 스승이었다. 다산 정약용은 「우인 이덕조만사」에서 이벽을 선학에 비유하였으며 「강학우천진암」에서 이벽에 대한 절절한 그리움을 표현하고 있다.

이벽이 세상을 떠났을 때 다산 정약용은, '내가 써 내려온 문장은 사실 광암 이벽의 문장이며, 이벽의 학설이며, 이벽의 해석이다.'라고 하며 '이벽이 이 세상에 안 계시니, 이제 누구에게 물어볼 것인가.' 하며 눈물을 흘렸다고 한다.

태어날 때부터 범상치 않았던 인물

이벽의 본관은 경주, 자는 덕조, 호는 광암, 천주교 신자로 세례명은 세례자 요한이다. 1754년 현재의 경기도 포천군 내촌면 화현리에서 태어났다.

경기도 포천의 기호학파 남인 집안에서 고려 때부터 문관으로 이름을 떨친 익제 이제현의 후손이었는데, 할아버지 이달 이 무과에 급제하면서부터 무반 집안으로 유명해졌다. 형과 동생이 무과에 합격해 황해도 육군을 지휘하는 황해병마절도사와 포도청의 대장에 해당하는 좌포장의 직책을 맡았다.

이벽은 태어날 때부터 남달랐다고 한다. 눈이 맑고 빛났으며 아기들 사이에서도 유난히 눈에 띄는 외모였다. 어린 시절부터 총명하고 침착하며 매사에 신중하면서도 비범해 일곱 살 때 사서삼경을 읽었다고 한다.

이벽은 신체가 건장하고 키가 8척에 이르고 힘이 장사였으나 학문에 뜻이 있었다. 정약현을 자형누님의 남편으로 맞이한 후에는 그의 동생 정약전, 정약용 형제와 어울려 학문을 익혔다. 과거시험에는 관심이 없었으므로, 뜻이 맞는 선비들과 학문을 연마하는데 집중했다.

1774년 이벽은 충청도 덕산으로 이병휴를 찾아가 스승으로 모셨다. 그리고 1776년 성호 이익 등과 함께 이병휴의 제자인 녹암 권철신을 스승으로 받들고 '녹암계'의 일원이 되었다.

이벽은 1777년부터 1785년까지 8년 동안 정약전, 정약용 형제와 천진암에 모여 토론하며 학문 연구를 계속했다. 1779년 무렵 녹암계 회원들의 강학에 서학서를 소개하고 천주교 교리를 강학의 토론 주제로 정하면서 녹암계의 선비들에게 천주교를 새로운 신앙으로 알리는 역할을 했다. 그리고 여러 원로 선비들과 학자들 앞에서 막힘없이 '천학경서대의'를 이야기해 그 자리에 있던 사람들을 놀라게 했다.

열아홉 살 때는 권상복의 문집을 편찬해주며 끝말을 쓰게 되었는데, 짧은 끝말 대신 「천학고」라는 논문을 써서 주었다고 한다. 「천학고」는 천주교가 우리 나라를 비롯한 동양에 어떻게 전래되었는지 그 유래에 관해 기록한 것이었다.

그는 친구들이 찾아오면 천지 만물의 깊은 의미와 교리를 풀어 이야기해주고, 쉽게 알 수 있도록 해설을 명쾌하게 곁들여주었다. '하늘에 오르는 길상천도'라는 글을 간결하게 시문으로 지어, 부근에 있는 절 봉선사의 사당 춘파대에 기증한 적도 있었다고 한다.

천주교를 접하다

이벽의 고조부 이경상은 소현세자의 스승으로, 소현세자를 모시고 중국에 8년 동안 머물다가 귀국할 때, 아담 샬이라는 서양인 신부에게서 천주교 교리를 듣고, 천주교 신자 다섯 명을 환관으로 데리고 왔다.

그때 가지고 왔던 많은 책 중에서 일부는 중국을 드나들던 홍대용 등이 나무상자로 가지고 온 것도 있었다. 중국에서 가지고 온 책들은 대대로 집안에 가보로 전해져 오고 있었으므로, 이벽의 아버지를 거쳐 이벽 역시 그 책들을 자주 접하게 되었다. 조정에서는 물론 일반 학자나 양반, 상인이도 사신들을 통해 서양 학문과 천주학을 접할 수 있었던 시기였다.

이벽은 학문적으로 천주학을 접하게 된 후, 관심을 갖고 공부를 계속하며 마음속에 종교적인 신심을 키웠다. 그리고 스물다섯 살 때 천주교 교리를 신앙으로 받아들이며 신앙생활을 실천하게 되었다.

천진암

'앵자봉'은 경기도 광주 퇴촌면과 실촌면 사이에 있는 양자산의 제

2봉이다. 앵자봉의 '앵'은 꾀꼬리 '앵' 자인데, 산세가 꾀꼬리가 알을 품고 있는 형국이어서 '앵자봉'이라 부르게 되었다고 한다. 또, 학이 집을 짓고 살던 산이라고 '학소산'이라 부르기도 했다.

이 마을에서 대대로 살아온 어르신들의 말에 의하면, 조선 초에는 '우산'이라 했는데, '우산' 5부 능선 위로 꾀꼬리 떼가 몰려와 새끼를 쳐서 '앵자산'이라 부르게 되었고, 맑은 계곡 물가에 원앙새들이 몰려와 새끼를 쳐서 '원앙산'이라 불렀다고도 한다.

그 산자락에 한국천주교회 발상지 천진암이 있었다. 권철신을 중심으로 한 남인 소장학자들은 주로 경기도 광주와 여주에 있는 절에서 강학講學, 학문을 닦고 연구한다는 뜻을 했는데, 그 중 대표적인 곳이 천진암이었다. 그러나 1779년을 전후하여 이미 허물어진 상태였다고 하니, 지금은 그 흔적을 찾아보기 어렵다.

천진암과 앵자봉 _ 경기도 광주시 홈페이지

강학의 내용은 주로 유교경전에 대한 연구를 위주로 하였으나, 한자로 번역한 서양 학문에 관한 서적들도 강학 자료로 채택되곤 했다.

천진암을 자주 방문했던 대표적인 인물로 이벽과 정약용이 있다. 이벽은 약 15년 동안 천진암을 오가며 이승훈, 정약전, 정약종, 정약용, 권상학, 김원성, 이총억 등 젊은 선비들과 함께 학문을 연구하고 천주교 교리를 공부하며 신앙을 실천하는 법을 익혔다.

또, 이벽을 스승으로 모셨던 정약용의 『여유당전서』를 보면 천진암과 관련된 시문이 여러 편 눈에 띈다.

한국 천주교 발상지인 천진암경기도 광주시 퇴촌면 우산리 500은 1960년대부터 문헌에 근거해 역사적 장소로서의 중요성이 밝혀지게 되었다.

1962년에 천진암 절터를 확인한 후 1975년부터 천주교 성지로 개발되기 시작했으며 1979년부터 1981년 사이에 이벽, 정약종, 권철신, 권일신, 이승훈 등 한국천주교회 초기 인물들의 묘소가 이곳으로 이장되었다.

천진암 강학회

1779년정조 3년 12월 천진암에서 학자 권철신이 정약전, 김원성, 권상학, 이승훈, 정약종, 이총억, 정약용, 권일신 등과 함께 강학회를 하고 있었다.

천진암 강학회 모습을 그린 그림으로 가운데 앉은 이가 이벽 선생이다. _ 천주교 천진암성지 홈페이지

　권철신이 강학회를 개최한다는 소식을 듣고, 이벽은 서울에서부터 일백여 리 눈길을 걸어 권철신이 주로 머물던 앵자봉 아래 동쪽에 있는 주어사에 밤늦게 도착했다. 그러나 강학회가 천진암에서 열리고 있다는 것을 알고, 다시 길을 떠나 눈 덮인 앵자산 마루를 넘어 한밤중에 천진암에 도착했다.

　그들은 함께 촛불을 밝히고, 경서를 공부했다. 그리고 여러 날 계속된 강학회에서 이벽의 강론과 논증을 통해 유불선과 여러 경서에 담긴 교리를 하나하나 비교 연구 검토하며 천주교 교리를 깨닫게 되었다.

　이때 이벽은 「성교요지」를 쓰고 「천주공경가」를 지었으며 정약종은 「십계명가」를 지었다. 권철신은 일과표와 규정을 만들어 모든 이가 새벽에 일어나 차가운 물로 양치질과 세수를 했다. 그들은 마음과 몸

가짐을 단정히 했으며 규정과 법도를 어기는 법이 없었다. 이승훈은 이때를 회상하며 '숫돌에 갈 듯이 자신을 철저히 연마하였다'고 했다.

그 당시 우리나라에는 요일이 없었으므로 음력으로 따져 매월 7일, 14일, 21일, 28일을 주일로 지켰다. 그날은 온종일 육체노동을 하지 않고 경문을 소리 내어 읽거나 명상을 하며 지냈다.

이 강학회를 통해 이벽은 천학天學을 천주학으로, 천주학을 천주교로, 즉 학문적 지식을 신앙으로 발전시켰다. 이렇게 천주의 진리를 스스로 탐구하고 믿으며 실천함으로써, 천주교 신앙의 씨를 싹 틔웠다.

강학회에 관한 프랑스 역사가 샤를르 달레의 기록을 보면, '1779년에 유명한 학자 권철신, 정약전과 이벽은 학식을 얻기를 원하는 학자들과 함께 방해를 받지 않고 학문을 깊이 연구하기 위해 외딴 절에 갔다.'고 했다.

이 연구회는 열흘 가량 함께 지내며, 하늘, 세상, 인성, 등에 관한 문제들을 탐구하고 토의했다. 성현들의 윤리서를 연구하거나, 서양 선교사들이 펴낸 철학, 수학, 종교에 관한 책들을 검토하고, 그 깊은 뜻을 이해하기 위해 집중했다.

이때 조선의 학자들은 서양의 학문과 문물에 대해 이미 알고 있었다. 중국으로 가는 사신의 수행원으로 따라가 서양의 과학과 종교에 대해 중국인과 대화를 나눈 적이 있거나, 중국인을 통해 서양의 과학이나 종교에 관한 서적들을 구할 수 있었기 때문이다. 이러한 서적들을 접하게 된 조선의 학자들은 새로운 과학 지식에 흥미를 느끼게 되었으며 천주교 교리에도 관심을 갖게 되었다.

조선 최초 천주교 신앙공동체

이벽은 천주교에 대한 자신의 지식이 얼마나 부족한지 알고 있었다. 그래서 자신의 부족한 부분을 채워줄 수 있는 서적들이 있는 북경에 관심이 많았다. 그런데 그런 책들을 구하기가 쉽지 않았으므로 기회가 있을 때마다 천주교 교리를 깊이 연구하고 토론하기를 게을리 하지 않았다.

초대 천주교인들이 쓴 글을 보면, 잘 알 수 있다.

'1783년 초여름 이벽은 그의 누이 1주기를 맞아 마재에 있는 정씨 집에 머문 후, 정약전, 정약용 형제와 함께 더욱 정진하여 연구에 힘썼다.'

이들은 자료가 부족해 진리를 탐구하고 연구하는 데 한계를 절감하던 중에, 이승훈의 아버지 이동욱이 사절단의 일원이 되어 북경에 가게 되었다는 소식을 접하게 되었다.

이벽은 이승훈에게 사절단에 동행하도록 설득했다. 이승훈에게 북경에 있는 천주당을 찾아가서 세례를 받고, 천주교 서적을 구해 와 달라고 부탁했다. 1783년 11월에 중국에 도착한 이승훈은 북경의 그라몽 신부에게 세례를 받은 후 책들을 구해 1784년에 귀국했다.

이벽은 서양의 마태오 리치의 저서들을 읽고 많은 것을 깨달았다.

그 후 이벽은 이승훈으로부터 세례를 받은 후 천주교인이 되었으며 먼저 권철신, 권일신 형제를 설득해 천주교에 입교시켰다. 중인들에게도 천주교를 전파했고, 김범우, 최창현, 최인길, 지황, 김종교 등이 신자가 되었다.

초기에는 주로 남자 양반들에게 전교하였으나, 점차 중인과 상인, 부녀자들에게도 전교하였다. 이벽의 부인 유한당 권씨, 이승훈의 부인 나주 정씨, 권일신의 부인 광주 안씨 등 양반 신자들의 부인이 입교를 하게 되었다.

그리고 명례방에 있는 김범우의 집에서 정기적인 신앙모임을 갖게 되었다. 이 모임을 오늘날 '명례방 공동체'라고 부르며, 조선 천주교회의 시작으로 보고 있다. 명례방 공동체는 이벽의 주도 아래 우리나라 최초의 정기적인 신앙 집회를 가지게 되었고, 이 신앙 집회가 지금까지 이어지고 있다.

조선 천주교 박해가 시작되다

1785년 3월, 이승훈, 정약전, 정약종, 정약용 삼형제, 권일신 부자 등 10여 명이 이벽의 설교를 듣고 있다가 도박을 단속하러 다니던 포졸들에게 발견되었다.

방에서 신앙 집회가 열리고 있는데 형조의 관리가 우연히 그 옆을 지나가다가 집안에서 웅성거리는 소리가 들리자 도박꾼들의 모임인

줄 알고 모인 사람들을 체포하게 된 것이다. 그리고 천주교 서적과 성물을 모두 압수했다.

이 사건으로 천주교의 종교 활동이 처음으로 조선 조정에 알려지게 되었다. 그러나 이때는 천주교회에서는 유일신을 믿으므로 조상 제사를 지내지 않는 등, 조선의 유교적인 가치관과는 판이하게 다르다는 것이 미처 드러나지 않았던 때였다.

형조판서 김화진은 중인 출신 역관 김범우만을 투옥시키고, 그를 제외한 양반들은 모두 석방하였다. 그런데 석방된 권일신, 이윤하, 이총억, 이정섭 등 다섯 사람이 함께 형조를 찾아가 압수한 성상을 돌려달라고 항의하며 물의를 빚었다.

이 일을 계기로 이용서 등 유생들이 상소를 올려 그들을 처벌하여야 한다고 주장했다. 그러나 정조는 유학이 흥하면 사학邪學, 주자학에 반대되는 학문으로 천주학, 동학 등을 일컬음이 자멸할 것이라고 믿었으므로 중인 김범우를 경상도 밀양 단장이라는 곳에 유배를 보내는 것으로 끝냈다.

그 뒤 이벽은 아버지의 극렬한 반대로 신자들과 더 이상 접촉할 수 없게 되었다. 이벽은 유교의 윤리관인 효와 새로운 진리로 받아들인 천주교 중에서 하나를 선택해야 하는 참담한 갈등 속에서 괴로워하다가 페스트전염병에 걸려 죽었다고 한다.

그러나 훗날 시신을 살펴보니, 독살 당한 것이 아닌지 의심할만한 흔적이 보여 의혹이 제기되고 있다. 이 사실은 배교자에서 신앙 증거자로 추대되면서 천주교 성지 천진암으로 이장할 때 확인한 것이다.

천진암

이벽이 지은 책이 여러 권 있지만, 안타깝게도 원본은 남아 있지 않고 그 내용만 전해져오고 있다. 그 대표적인 책이 『천주공경가天主恭敬歌』와 『성교요지聖教要旨』이다.

한국 천주교 신앙의 선조

이벽은 죽기 직전 부친의 외출 금지령으로 두문불출하였다. 아버지가 천주교를 배척하라고 강요했으니 그때의 참담하고 절절함을 견디기 힘들었을 것이다.

짧은 생을 살았고 한동안 배교자로 오해를 받은 적도 있었다. 그러나 천주교주교회의 시복시성주교특별위원회에서 신앙증거자로서 최후를 맞이했다는 입증자료를 찾아냈다. 그리고 1979년에 이벽 시신을 천진암으로 이장함으로써 한국 천주교를 시작한 인물로 자리매김하게 되었다. 천주교 박해 등 힘든 상황 속에서도 이벽은 든든한 신앙의 뿌리로 남아 죽은 후에도 많은 사람에게 영향을 미치는 존재가 된 것이다.

이벽은 모습과 생각, 지혜가 아름답고 심지가 곧은 사람이었다. 유교적인 환경에서 태어나고 자랐지만, 끊임없이 공부하며 부끄럽지 않은 삶을 살기 위해 최선을 다했다.

짧은 생을 살다가 죽은 이벽이 여전히 한국 천주교의 중심인 이유는 그의 정신적인 깊이 때문이라 할 수 있다. 이벽은 논리와 학문으로 무장하고 삶의 영원한 진리를 추구한 철저한 천주교인이며 활동가였다. 그리고 하느님과 효라는 동양윤리를 동시에 지켜내기 위해 애쓴 의인이며 실천가였다.

그는 유교적인 환경 속에서 천주교를 연구하고 신앙으로 받아들였으며 신앙을 위해 자신의 삶을 불태웠다. 유교적인 사회에서 다른 학문서학과 종교를 연구하고 실천하는 것이 얼마나 고단했을지 미루어 짐작할 수 있다. 굳은 의지로 천주교를 연구하였을 뿐만 아니라 천주교 신앙이 우리나라 땅에 뿌리를 내릴 수 있게 한 업적에 대해 치하하지 않을 수 없다.

안정복 – 정조대왕의 스승 –

하영호

젊은 시절

순암 안정복安鼎福, 1712은 숙종 말기에 태어나 정조 말기에 세상을 떠난 실학자다. 아버지는 안극, 어머니는 전주 이씨였고, 본관은 광주廣州이며 호는 순암順菴이며, 자는 백순百順이다.

광주 안씨의 시조는 고려 때 태조를 도와 공을 세운 안방걸로, 광주는 태조로부터 받은 사패지임금이 내려준 논밭였다.

안정복이 주로 살았던 경기도

안정복 선생 영정

광주는 지금의 행정구역과 달리 서울 강남, 강동, 하남시, 남양주시 등에 걸친 넓은 지역이었다. 특히 조선 후기에 광주부는 실학의 대가인 성호 이익李瀷, 1681~1763의 영향을 받은 안정복과 정약용 등, 재야 남인 계열의 지식인들을 중심으로 이른바 경세치용학문은 세상을 다스리는 데 유용한 것이어야 한다는 주장의 뿌리가 되는 실학이 형성된 곳이었다.

『순암선생 연보』라는 책에서는 안정복이 태어날 때 어머니가 범상치 않은 꿈을 꾸었다고 전하고 있다. 그 꿈의 내용은 다음과 같다. '붉은 기운이 하늘에서 내려와 잠자리를 감도는 태몽을 꾸었고, 붉은 반점과 기이한 무늬의 표범이 어머니의 품속에 안기는 꿈을 꾸며 옥동자를 낳았다.' 실제로 안정복은 어릴 때 천연두와 홍역의 후유증으로 그 자국이 남아 있고, 치열이 바르지 않아 스스로 못생겼다고 말했다 한다.

충청북도 제천 유원마을에서 태어난 안정복은 네 살 때1715년 어머니와 함께 한양에 올라와 지금의 서울시 종로구 건천동의 외갓집에서 살았다. 그러나 일곱 살 때 외할머니가 돌아가시자 어머니를 따라 외갓집 농장이 있는 전라남도 영광군 월산에 내려가 3년 정도 지냈는데 여덟 살 때 할아버지 안서우가 한양에서 벼슬을 하게 되자, 남대문 밖 남정동藍井洞에 올라와 살게 되었다.

그 후 안정복은 하급 관리이던 할아버지를 따라 여러 곳을 옮겨 다니며 살아야 했다. 어려서부터 기억력, 암기력이 뛰어났지만, 할아버지의 잦은 관직 이동과 아버지 안극의 생활 여건 때문에 거주지가 늘 일정하지 않았다. 그래서 다른 아이들보다 늦은 열 살 때『소학』에 입문할 수 있었다.

열네 살 때 할아버지가 울산부사로 임명되어 안정복의 가족은 할아버지를 따라 경상도 울산으로 이사했다. 그러나 1년 뒤 할아버지가 갑자기 울산부사에서 물러난 후, 전라북도 무주에 들어가 칩거하게 되자 안정복 가족은 무주에서 생활하게 되었다.

이때부터 10년 동안 안정복은 안정된 분위기에서 할아버지의 가르침을 받으며 학문을 접하게 되었다. 이 때 부친과 함께 외가인 전라남도 영광에도 자주 왕래를 했다고 한다. 외가가 효령대군의 후손이어서 외가의 영향도 많이 받았던 것으로 알려져 있다. 그는 글 읽기를 좋아해서 유학 서적을 비롯하여 역사책은 물론 천문·시문·의학·점복 등에 관한 서적을 가리지 않고 두루 읽었다.

1935년, 24살 때 할아버지가 세상을 떠나자 그 이듬 해 무주에서의 생활을 정리하고 아버지를 따라 고향인 광주 경안면 덕곡리현재 경기도 광주시 경안면 덕곡리, 일명 텃골에 자리를 잡게 되었다. 그리고 순암順菴이라는 작은 집을 짓고 본격적으로 학문을 연마하기 시작했다.

텃골은 조상 때부터 살던 곳이긴 하지만, 안정복에게는 생소한 곳이어서 주변에서 마땅한 스승을 찾는 것도 쉽지 않았으므로 독학을 해야 했다. 안정복은 경학經學은 물론, 역사·천문·지리·의약 등에 걸쳐 폭넓고 다양한 지식을 습득했다.

그러나 갑술환국1694년, 숙종 20년 서인들이 전개하던 인현 왕후 복위 운동을 반대하던 남인이 화를 입어 권력에서 물러나고 서인이 집권한 사건과 1701년 장희빈의 옥사로 남인이 이미 몰락했고, 청소년이었던 1728년 일어난 이인좌의 난으로 남인 대다수가 중앙 정계에서 숙청되었으므로, 그는 일찍이 관직을 단념하고 과거에는 단 한 번도 응시하지 않았다.

그는 어릴 때부터 몸이 허약하고 병이 많아 자주 혼절하기도 했고 언어장애까지 있었다. 병이 위독할 때는 몇 년씩 글을 쓰지 못한 적도 있고, 세 번에 걸쳐 유서를 쓰기도 했다. 그렇지만 병으로 인해 자신의 삶을 비관하거나 공부를 게을리 하는 일은 없었다.

그런데 관직 욕심이 없던 아버지 때문에 집안이 너무 가난했다. 아버지 안극은 종2품 오위도총부 부총관에 오른 적이 있지만, 이는 명예직이었다. 그래서 대대로 내려오는 땅을 팔지 않으면 안 될 정도로 생활이 어려웠다.

안정복은 어쩔 수 없이 땅을 팔고 난 다음, 조상이 물려주신 땅을 판 것을 늘 죄스럽게 생각했다. 그래서 그 땅을 되찾기 위해 궁리 끝에 노비와 함께 숯을 구워 팔기로 했다. 숯을 구워 판 결과 다른 사람에게 팔았던 종중의 땅들을 모두 되찾을 수 있었다고 한다.

어머니 전주 이씨는 학문적 소양이 있는 여성이었다. 훗날 안정복은 어머니 증정부인 이씨가 역사에 대한 식견이 깊어 어머니의 영향을 받아 동사강목 등 역사서를 집필할 수 있었다고 회고를 남기기도 했다.

학문에 대한 열정

안정복은 잊어버리는 것에 대비하여 항상 기록해 두는 습관을 지니고 있었다. 그리고 누가 귀한 책을 갖고 있다는 소문을 들으면 구매를 하던가, 여의치 않으면 빌려서 밤낮으로 읽고 다른 종이에 책의 내용을 옮겨 적고 손수 제본하여 책을 만들었다. 그렇게 하여 수십 년 동안 모아 읽은 책만 천 권이 넘고, 평생 글 읽기를 좋아해서 많은 책을 읽다 보니 깊이 읽지 않아도 슬쩍 보기만 해도 책의 내용을 짐작할 정도였다.

1737년 26살 때『성리대전』과『심경』을 읽고, 중국의 삼대문화의 정통설을 기본으로 한『치통도』와 육경의 학문을 진리로 하는『도통도』를 지었다. 이듬해에는『치현보』에 이어 동약의 모체라 할 수 있는『향사법』을 지었다.

27살 때『임관정요』초고를 쓰고, 29세에 안정복 초기 학문의 완성이라 할 수 있는『하학지남』상·하권을 썼다. 이 책은 안정복의 경학에 대한 실천 윤리적 지침서로, 온 마음을 다 기울였던 책이다. 같은 해『정전설』을 쓰고, 30살 때『내범』을 썼다.

이렇게 많은 책을 짧은 기간 안에 저술했다는 것이 놀랍기만 하다. 그런데 책 내용이 알찬 것을 보면 안정복이 학문 연구에 얼마나 열정적이었으며 이 작업 과정이 얼마나 어려웠을지 짐작할 수 있다. 스승 없이 독학으로 이 모든 학문 연구를 이루어냈다는 사실에 감탄하지 않을 수 없다.

안정복의 제자 황덕길은 '아마도 스승이 읽지 않은 책이 없을 것'이라며, '특히 역사서 읽기를 제일 좋아하셨다.'라고 했다.

황덕일1748~1800과 황덕길 형제는 경기도 양천현현재 서울시 강서구·양천구 일대 출신이다. 이들 형제는 1773년 겨울 어머니의 권유에 따라 텃골로 안정복을 찾아와 문하생으로 받아주길 청하였다.

형제가 90리약 40km 정도 길을 걸어 안정복을 찾아오게 된 배경은, 안정복과 황덕일·황덕길 형제의 아버지 황이곤이 성호 이익 문하에서 동문수학하여 친분이 두터웠기 때문이다. 안정복의 학문의 깊이를 잘 알고 있던 황이곤이 32살에 갑자기 죽자, 그의 아내가 두 아들을 데리고 찾아온 것이다.

안정복은 형제를 기꺼이 문하생으로 받아들이고, "배우는 자의 법도는 마땅히 주자를 주인으로 삼는다, 주자는 배우려면 먼저 퇴계를 공부해야 한다."고 하였다. 이어 이익의 권유로 자신이 정리한『이자수어』를 주면서, "공자와 맹자의 말씀은 왕조의 법령과 같고, 정주송나라 정호·정희 형제와 주희를 말함의 말씀은 엄한 스승의 명령과 같으며, 퇴계의 말씀은 인자한 아버지의 훈계와 같다."라며 힘써 익힐 것을 당부하였다.

덕길과 덕일 형제는 1791년 안정복이 타계할 때까지 양천과 텃골을 오가며 덕곡정사 이택재에서 공부했다. 그리고 안정복이 세상을 떠나자, 황덕일은 안정복의 손자 안철중, 증손자 안효근의 도움을 받으며 스승의 유고를 정리했다. 문인들과 함께 수년 동안 세밀하게 검토하고 교정한 자료를 다시 제자 안경위가 맡았다. 훗날 안정복의 후손 안긍원과 안종엽 부자가 발간하게 된『순암선생문집』의 기초 원고를 마련해 놓은 것이다.

안정복이 좋아하지 않는 분야는 시문을 짓는 것이었다. 심지어 정조의 스승으로 있을 때도 "제왕의 학문은 글짓기를 귀하게 여겨서는 안 된다."라고 하였다. 이것은 시와 같은 문학은, 실학실용학문이 될 수 없다고 생각했기 때문이다.

그 당시에는 벼슬하여 입신양명하는 것이 양반들이 가장 바라던 일이었다. 공부란, 벼슬을 얻기 위해 과거에 응시해 좋은 결과를 얻기 위한 방법일 뿐이었다. 과거에 필요한 사서오경을 외우거나 시부를 짓는 공부라도 하는 사람은 그래도 다행이었다. 집권당의 자제 중에는 학식과 인격이 형편없는데도 집안의 권력에 힘입어 과거에 합격하거나 과거를 보지 않고 벼슬하는 일도 허다했다.

그래서 일부 선비들은 출세를 위한 과거는 아랑곳하지 않고 참다운 진리 탐구에 온 정성을 기울이며 진정한 학문을 위한 공부에 매진했다.

정조와 안정복

1749년 안정복은 37세에 만녕전참봉으로 첫 벼슬을 시작해 사헌부 감찰에 이르렀으나, 부친의 사망과 자신의 건강 때문에 벼슬을 그만두었다. 그리고 짧은 기간 동안 돈녕부주부·의빈부도·세자익위사 익찬 등을 역임한 뒤 고향으로 다시 돌아와 후진 양성과 저술 활동을 하며 지냈다.

1762년 안정복의 나이 50살 때 스승인 성호 이익이 일생 정열을 바쳐 저술한『성호사설星湖僿說』의 목차와 내용 등을 첨삭해 정리한『성호사설유선星湖僿說類選』을 편집했다. 이 과정에서 안정복의 학문은 더욱 깊어졌다.

그 후 안정복은 61세라는 적지 않은 나이에 병조판서 채제공의 추천으로 다시 조정의 부름을 받았다. 사헌부에서 물러난 것이 40대 중반이었으니, 20여 년 동안 학문과 저술활동에 전념하다가 다시 관직에 나아간 것이다.

그가 맡은 벼슬은 익위사 익찬이었다. 1772년부터 1775년까지 안정복은 세자익위사의 익찬 위솔이 되어 아침저녁으로 세손의 교육을 담당했다. 이 세손이 바로 훗날 현명한 임금이 된 정조였다.

세손이 안정복에게 성리학에 대해 질문하자, 안정복은 이렇게 자신의 견해를 밝혔다고 한다.

"율곡 이이의 학설은 참신하기는 하지만 스스로 얻은 것이 많고, 이황은 선현의 뜻을 존중해 계승하였으니 당연히 이황의 학설을 따르는 것입니다."

익위사란 조정의 직제에서 보면 무인에 속하며 직위가 낮아 중요하지 않은 직책 같아 보이기도 한다. 그러나 세자를 항상 가까이서 보필해야 하는 자리이므로 모범이 될 만한 학자나 인격이 고매한 선비를 엄선하여 임명하는 것이 관례였다. 그래서 선비들은 임명되는 것을 영광으로 생각했다. 안정복 역시 익찬의 벼슬을 흔쾌히 승낙하였다.

시간이 흘러 조선 22대 왕이 된 정조가 즉위한 후 안정복은 충청도 목천독립기념관이 있는 천안시 목천읍 현감으로 부임하게 되었다. 목천현은 충청도에서 가장 작은 고을이었다. 동헌도 기와집이 아니라 초가였다. 목천현 현감 자리는 대개 중앙에서 벼슬하다가 나이가 들어 은퇴하기 전에 잠시 맡게 되는 외직이었다.

안정복은 65세 젊지 않은 나이였지만, 남다른 의욕을 갖고 현감으로 부임했다. 자신이 쌓아온 성리학자로서의 경학지식을 실천하고 싶었기 때문이다. 노숙한 경지에 들어선 그는 정성을 다하여 맡은 바 직분을 충실히 수행했다.

3년 동안 목천 현감으로 재임하며 자신의 녹봉을 줄여 굶주린 백성을 정성으로 돌본 목민관이었으며, 동약·향약·향사례를 실시하고 방역소를 다시 세우는 등, 경세치용의 식견을 발휘하여 고을 행정을 합리적으로 처리해 고을 수령들의 새로운 본보기가 되었다.

그리고 유교의 실천윤리를 바탕으로 고을 백성들을 가르쳤다.

"부모에게 효도하고 윗사람을 존경할 줄 알아야 하며, 이웃과 화목하고 자손을 잘 길러야 한다. 착한 일을 해야 하며, 그릇된 일을 범해서는 안 되느니라."라고 지도하였다.

또한 농사를 권장하여 수확을 올리고, 향약을 실행하여 고을 백성들을 교화시켰다. 그리고 인심의 순화에 힘쓰는 한편 사마소생원과 진사들이 모여 유학을 가르치고 정치를 논하는 곳를 두어 교육과 덕화에 노력하였다.

고을 사람들은 송덕비를 세우려 하는 등, 칭송을 아끼지 않았다. 그러나 그는, "정령은 작은 혜택인데, 이를 두고 칭송한다면 부끄러운 일이다. 그러므로 비를 세워 칭송하는 것은 오히려 나를 조롱하는 일이 아니겠는가?"라며 비석을 세우지 못하게 하였다.

안정복은 과거를 보고 관직에 나아간 것이 아니었지만, 40대에 만녕전 참봉을 비롯하여 의영고 봉사, 귀후서 별제, 사헌부 감찰 등 중앙관서의 하급관료 직을 맡기도 했다. 그리고 목천 현감을 사임한 후 70대에 돈녕부주부, 의빈부도사, 세자익위사익찬 등의 관직이 제수되었으나, 그는 부임하지 않았다. 그 후에도 정조는 안정복이 관직을 맡기 바랐지만, 고향에서 학문 연구에 전념하겠다며 모두 사양하였다.

동사강목

안정복은 그동안 우리 역사를 중국 역사의 일부분처럼 여기는 것이 불만이었다. 무엇보다 후세에 바로 알리기 위해서라도 사람들의 입에서 입으로 전해오는 역사가 아닌, 제대로 된 우리나라 역사서가 필요하다고 생각했다.

지금까지 나온 역사책들은 사료를 철저히 수집하지 못했고, 서술하는 요령이 없으며, 의례義例에 어긋났고, 시비를 제대로 가리지 못한 것이 문제라고 생각했다. 그래서 직접 우리나라 역사서를 써야겠다고 마음먹었다.

안정복은 역사책을 쓰기 위해 철저하게 자료를 조사했다. 우리나라 역사와 조금이라도 관련 있는 책은 다 읽고 참고했다. 이름난 역

동사강목안정복 _ 국립중앙박물관

사책인『삼국사기』,『삼국유사』,『고려사』와 같은 나라가 주도하여 쓴 역사서 즉, 정사는 물론이고 개인이 쓴 야사도 읽고 분석했다. 그 결과, 서술 내용이나 방법에 문제점이 많다고 생각했다.

안정복은『동사강목』집필에 앞서 고증작업부터 시작했다. 그것이 바로『동사강목』부록에 있는「고이」,「괴설변증」,「잡설」,「지리고」이다.『삼국사기』나『동국통감』을 읽고 기록한 내용에 의문을 품고 있던 중에 여러 사료를 비교 검토하여 고증작업을 마친 뒤 본문 내용을 집필하려고 한 것이다.

안정복은『동사강목』을 저술하기 위해 중요한 역사책뿐만 아니라, 각 집안의 족보나 묘지에 적힌 기록, 중국과 일본의 기록들까지 다

뒤져가며 공부했다. 그러던 중에 유형원의 손자 유발의 집에서 우연히 본 유형원의『동사례』는 우리나라 역사를 강목체큰 글씨로 쓴 줄거리 기사는 '강', 보다 작은 글씨로 쓴 구체적 서술은 '목'으로 기본 틀을 이루는 편년체 역사 서술의 한 가지 형식로 써야겠다는 의욕을 강하게 불어 넣었다.

『동사례』에「동사강목범례」라는 짧은 글이 있는데, 안정복은 그 글을 통해 책을 편찬하는 기본 방향을 제시받았다. 책 이름도 유형원의 『동사강목범례』를 참고한 것이 아닌가 생각된다.

일찍이 유형원은『동사강목』이라는 이름으로 우리나라 역사서를 쓰려고 계획하고 있었지만, 실행에 옮기지 못했다. 그래서『동사강목 범례』끝머리에 '훗날 어떤 군자가 홀연히 나타나 혹시라도 이루어 준다면 아주 다행이라 하겠다.'라는 기록을 남겨놓았다. 안정복이 그 글을 보고 용기를 얻어『동사강목』편찬에 강한 의지를 보인 것이 아닌가 하는 생각이 든다.

편찬 작업 과정에서 주목해야 할 것은, 편찬 작업이 순암 안정복 한 사람의 노력뿐만이 아니라 여러 사람의 협조 아래 이루어졌다는 점이다. 성호 이익의 문하생이 된 후 그의 가르침을 받으며 우리나라 역사를 강목체로 써야겠다는 의지를 굳히고 1754년 무렵 스승 이익에게 그 뜻을 밝혔다.

이익은 "나도 우리나라 역사서를 쓰려고 계획하고 있었지만 유감스럽게도 시도를 하지 못하였네."라고 말했다. 이익 역시 역사서의 필요성을 느끼고 집필을 준비했지만 뜻을 이루지 못했던 것이다.

우리나라 역사서를 바르게 편찬하고자 하는 안정복과 이익은 지금까지 조선 역사에 있었던 주요 사건이나 인물에 대한 평가가 맞는지 확인하기 위해 수없이 많은 편지를 주고받았다. 조금이라도 의심이 드는 점이나 잘못된 점을 제대로 알고 바로잡기 위해서였다. 이때 스승과 주고받은 답변은『동사강목』을 집필하는 데 큰 도움이 되었으며, 그 내용은 책에 반영되었다.

단군조선부터 고려까지의 역사를 정리한『동사강목』은 1권의 수권, 17권의 본편, 2권의 부록 등 모두 20권으로 짜여졌고, 본편은 각 권마다 상하로 나누어져 있다. 1759년 20여 년 만에『동사강목』은 드디어 편찬되었다.

안정복은『동사강목』에 단순한 역사만 기록하지 않고, 실생활에서 사람이 지켜야 하는 법도나 예의에 관해서도 언급하였다. 자기 성찰 또한 게을리 하지 않았다.

'강도나 살상 따위는 사소한 죄라도 용서하지 않으면서도 재물을 탐하는 벼슬아치가 나라와 법을 어겨 온 나라가 해를 입어도 흔히 내버려 두고 문책하지 않은 것은 무슨 까닭인가? 통탄할 일이다.'

'용서해야 할 일과 문책해야 할 일을 잘 구별해야 한다. 용서해야 할 일은 문책하고, 문책해야 할 일은 그냥 눈 감고 넘어간다면 그 공동체는 바로 서지 못한다. 무엇이 중한지 바로 보는 눈이 내게 있기를 바란다.'고 썼다.

안정복과 성호 이익의 만남

안정복이 성호 이익에게 깊이 영향을 받은 분야는 역사학이었다. 조선 역사의 독자성에 입각한 역사 발전이라는 사관은 성호 이익을 통해서 탄생하고 안정복에 의해 초석을 다졌다는 게 일반적인 평가다.

『동사강목』은 스승과 제자인 이익과 안정복이 함께 만든 자주적인 역사관의 정수라고 평가받고 있다. 안정복은 35세라는 늦은 나이에 성호 이익을 찾아가 제자로 받아 줄 것을 정식으로 청하였다.

이때 이익은 65세의 노학자로 경세치용의 학풍을 이끌며 실학파의 중심인물로 자리 잡고 있었다. 이익과의 만남은 안정복에게 일생일대의 큰 사건이라 말할 수 있다.

성호의 제자로는 소남 윤동규, 정산 이병휴, 하빈 신후담과 같은 쟁쟁한 인물들이 활동하고 있었다. 이들은 오로지 학문에만 매진하는 철저한 재야학자였다. 윤동규는 역사 지리와 역법·의학에 상당한 실력을 갖춘 사람이었으며, 신후담은 병법과 수학에 특출하였고, 이병휴는 이익의 조카로 수제자인 동시에 성호의 학문 가운데 특히 경학을 계승 발전시킨 큰 학자였다.

이들과의 학문적 교류를 통해 안정복은 적지 않은 자극과 영향을 받았다. 특히 소남 윤동규, 정산 이병휴와 자주 편지를 주고받았다. 다양한 내용으로 학문적인 토론을 함으로써 학문 성취에 크게 이바지할 수 있었던 것으로 보인다.

그들은 학문적 경쟁의식 속에서 자신들의 주장을 굽히지 않았고, 학문의 진보에 대한 열의를 불태웠으며 성호학의 정통을 수립하기 위해 끊임없이 학문적 명예를 다투었다.

이택재 안정복 선생이 학문을 연마하던 곳, 광주시 중대동 텃골

노년의 안정복

안정복은 선비로서 학덕을 갖추었고 비록 대단한 벼슬은 아닐지라도 관직 생활을 지내면서 궁색한 생활은 조금 면할 수 있었다. 그리고 80세까지 살았으니 그 당시에는 드물게 장수한 셈이다.

그러나 말년에 외롭고 슬픈 일들이 많았다. 그가 64세일 때 부인 창녕 성씨가 먼저 세상을 떠났고, 그가 목천 현감으로 재직할 때 45세인 외아들이 또 세상을 떠났다. 잇달아 며느리마저 어린 자식들을 두고 남편을 따라 세상을 떠나자, 그의 슬픔은 감당하기 어려울 만큼 컸다. 그는 이런 기구한 슬픔을 한 편의 시문에 표현했다.

"천 번 만 번 통곡하여 힘이 다했지만 그래도 이 애통함을 참지 못하겠고, 천 갈래 만 갈래 피눈물이 나도록 울었지만 그래도 이 애절함을 참지 못하겠구나. 너는 어이하여 사랑하는 처자를 버리고 또 나를 버리고 간단 말인가……."

이제 그에게 남은 혈육은 어린 두 손자와 네 손녀, 그리고 권일신에게 시집을 갔다가 홀로 된 딸뿐이었다. 안정복이 존경하던 스승 성호 이익마저 10여 년 전에 세상을 떠났으니 안정복의 노년은 참으로 고독했다.

안정복과 성호 이익이 사제관계를 맺은 지 18년이 되었지만, 순암이 이익을 찾아가 가르침을 받은 것은 불과 네 차례뿐이었다. 편지를 올린 것이 열두 번, 이익으로부터 편지를 받은 것이 네 차례에 지나지 않았다.

안정복은 스승이 세상을 떠났다는 소식을 듣자, "다시 뵙지 못하게 되었으니, 장차 누구에게 가르침을 받아야 하는가?"라고 통곡하며 그동안 가르침을 받은 사정과 내용을 『함장록』이라는 책으로 엮어 추모하였다.

안정복은 선천적으로 허약한 체질을 타고난 데다 젊어서 고생을 너무 해서 건강이 좋지 않았다. 그런데도 꿋꿋하게 자신을 지키며 강한 의지로 방대한 저술을 남긴 것을 생각하면, 그의 투철한 학문 정신에 머리가 절로 숙여진다.

안정복이 그 많은 저술을 펴낼 수 있었던 독특한 방법이 있었다. '초서농'과 '저서농'이 그것이다. 다른 사람의 저서를 옮겨 적은 것을 넣어두는 상자인 초서농을 두고, 수많은 책을 빌려서 읽고 난 뒤에 그 내용을 간추리거나 베껴서 그 속에 쌓아두었다. 그리고 자신이 지은 글을 모아 놓는 상자인 저서농을 두어 자기의 저술을 따로 담아 놓았다.

그의 문집에 이 저서농과 관련된 시가 있어서 소개한다.

화가 나도 글만 읽으면 좋고
병이 났다가도 글 읽기만 하면 나아
이것이 내 운명이라 믿고
앞에 가득 가로세로 쌓아 놓았지
그때 이 책 쓴 이들은
성인 아니면 현인들이어서
책을 펴 볼 것까지도 없이
그냥 만지기만 해도 기쁘다네
몇 해를 이렇게 읽고 나니
책은 백 권 천 권도 넘고
가슴 속엔 무엇이 있는 것 마냥
구물구물 자꾸 나오려 해서
어디 글 한번 써보자고
밤에 잠도 잊고 엮어 본다네
집안 식구나 친구들이야
미치광이로 볼 지도 모르지만

제 보물은 그저 제가 좋아하는 것

양자운도 태현경 쓰지 않았던가

이 시를 보면, 독서와 연구, 저술은 안정복의 삶 그 자체였던 것 같다. 가족이나 친구마저도 책 읽고 글 쓰는 것을 제대로 알아주지 않지만, 진정으로 자신이 즐겁기 때문에 잠도 잊은 채 글을 쓴다고 하였다. 이처럼 학문을 진심으로 사랑하는 마음에서 우러나온 글이었으므로 그의 글 한 편 한 편은 모두 빼어난 저술이 될 수밖에 없었다.

안정복은 매우 검소하였다. 늘 수입에 맞추어 지출하고, 집을 짓고 분수에 맞는 일을 하며 즐긴다는 뜻의 '분의당'이라는 편액을 걸어 놓고 결심을 지키려고 노력했다.

또, 자신이 죽으면 사람들에게 알리지 말고, 수의도 입던 옷을 빨아 쓰도록 유언하였다. 그는 과거를 통한 영달이나 명예를 달갑게 여기지 않았다. 빈껍데기 명예 같은 것은 안정복이 자신이 바라는 것이 아니었다.

학문이나 학식을 드러내고 싶어 하지도 않았고, 사람들이 터무니없이 자신에게 '학자'라는 이름을 붙였다고 생각했다. 직선적이고 소신을 굽히지 않는 성격이지만, 자신을 찾아온 문하생을 사랑하는 마음은 극진했다.

권철신이나 이기양 등이 천주교 문제로 자신을 멀리했을 때, 이들을 천주교부터 손을 떼게 하려 했던 것도 조정의 박해로부터 문하생들을 지키기 위한 애정 때문이었다. 그리고 1790년 이후 천주교가 확산하자 안정복은 사후 세계라는 이름으로 사람들을 현혹한다며 이를 비판했다.

1791년정조 15년 먼저 세상을 떠난 아들의 묘지명을 준비하고 있던 중에 끝내 일어나지 못하고 그해 7월 20일 광주 덕곡 자택에서 조용히 세상을 떠났다.

사후 안정복은 경기도 광주군 경안면 중대리현재 광주시 중대동 197-19 번지에 안장되었다. 묘소로 올라가는 입구에는 이택재가 있다. 생전에 안정복은 이곳에서 봄가을마다 제사를 지냈으며, 평상시에는 학생들을 가르치는 장소로 이용하였다. 이택재는 그 뒤 소실되었다가 정부의 지원을 받아 다시 지어져 지금까지 잘 보존되고 있다.

정조는 그의 죽음을 애석히 여겨 특별히 부의를 추가하고 사람을 보내 조문하였다는 기록이 조선왕조실록『정조실록』에 기록되어 있다.

'1791년 정조 15년 7월 23일
광성군 안정복에게 부의를 추가할 것을 명하였다. 정복은 세자시강원의 옛 관원으로서 본디 박식하다는 명성이 있었다. 상이 그가 죽었다는 소식을 듣고는 매우 애석해하며 이런 명령이 있었다. 또 광주의 지방관에게 동지 이관의 집에 문안하도록 명하였는데, 이관 또한 세자시강원의 옛 관원이었다.'

안정복 사후 80년이 지나 고종이 안정복에게 시호를 내려주는 어명에 관한 기록도 『고종 실록』에 있다.

'1871년 고종 8년 3월 16일
증 좌참찬 안정복은 문숙공으로 추증한다.'

순암 안정복이 남긴 저서로 『순암집』, 『상헌수필』, 『홍범연의』, 『희현록』, 『하학지남』, 『임관정요』, 『잡동산이』, 『성호사설유선』 등이 있고, 역사서로 『동사강목』, 『열조통기』, 『계갑일록』이 있으며, 예론서로 『가례집해』 천주교 비판서로 『천학고』, 『천학문답』, 『천학혹문』이 있으며, 소설로 『여용국전』 있으며, 작품으로 「반계유형원행장」이 있다.

성호사설유선안정복 _ 국립중앙박물관

이종훈 – 동학농민운동과 독립운동에 온 몸을 던진 지도자 –

윤재훈

우리나라는 조선 후기부터 근대화가 되어가는 과정 중에 정말 많은 외세의 침탈을 받았다. 특히 일본의 침략 의도는 집요했으며 끈질겼다.

우리 민중들은 우리나라를 노리는 일제에 맞서 수많은 독립투쟁을 전개하였다. 유생들의 신사년 척사운동1881, 전제군주제에 맞섰던 동학농민운동1894~1895, 개항 개화 반대를 주장하는 을미1895 – 을사1904 – 정미1907로 이어지는 의병항쟁이 있었다.

국권을 상실한 이후에는 중국 만주와 러시아 연해주, 미국 하와이 등지에서 조직된 각종 애국단체와 무장단체도 항일투쟁에 동참하였다. 이러한 수많은 독립투쟁은 아쉽게도 대부분

이종훈

한 지역에서 시작되어 주변 지역으로만 범위를 넓히다가 사라지는 경우가 대부분이며, 전국적으로 널리 전파되는 경우는 거의 없었다.

하지만 지역적인 투쟁을 넘어 전국적인 투쟁으로 확산된 대표적인 사례가 있으니, 그중 하나가 동학농민운동이며 다른 하나는 3·1운동이다.

지금까지 동학농민운동은 동학 접주 전봉준이 전라도를 중심으로 일으킨 지역적인 사건으로 생각하고 있지만, 동학농민운동 100주년 기념사업을 계기로 발굴된 다량의 사료들에 따르면 동학농민운동은 조선 전역에서 일어난 전국적인 사건이었다는 것을 알 수 있다.

천도교와 기독교가 주축이 된 3·1운동 역시 그 시작은 민족대표 33인과 서울 탑골공원에 한정된 것이었지만, 종교계와 학생들의 연대로 만세 시위는 전국적으로 퍼지게 되었다.

우리가 학교에서 배우는 역사는 수도를 중심으로 한 중앙의 역사이며 큰 사건들만 나열하는 형식이다. 하지만 역사에 관심을 두고 깊이 들여다보면, 중앙의 역사 속에 점점이 살아 숨 쉬는 지역의 역사와 그 속에 있는 구성원 개개인의 역사가 궁금해지게 된다.

전국을 뒤흔들만한 사건들이 발생했을 때 그 사건은 우리 지역에 어떤 영향을 끼쳤을까? 누구를 통해 어떻게 확산되었을까? 3·1운동과 동학농민운동이 있어났을 때 광주에서는 어떤 일이 있었을까? 궁금하지 않을 수 없다.

그런데 역사를 공부하다 보니, 두 물줄기가 한 인물에게로 모여진다는 것을 알게 되었다. 바로 동학농민운동의 선봉장이자 천도교 장로 출신으로 민족대표 33인 중 한 명인 정암正庵 이종훈李鍾勳1856~1931이었다.

동학 입교

이종훈은 1858년 2월 9일 경기도 광주시 실촌면 유여리현재 곤지암읍 유사리에서 아버지 이우재와 어머니 선산 김 씨의 삼 형제 중 둘째로 태어났다. 자는 치범致範이고 정암正菴은 천도교 도호이다.

그가 태어난 유여리는 버드나무골을 뜻하는 '버드라리柳餘里'로, 경안천의 지류인 곤지암천이 마을 한가운데로 지나고 버드나무가 많은 곳이었다.

유여리는 1915년 일제가 행정구역을 개편할 때 이웃의 절골寺洞과 합치게 되면서 유사리柳寺里가 된 곳인데 유사리는 가까운 만선리와 함께 광주를 본관으로 둔 광주 이씨 집성촌이다.

이종훈의 조카 이경수 옹의 얘기에 의하면, 유사리로 들어가는 마을 입구 느티나무가 서 있는 그 자리가 이종훈 선생 생가 터였다고 한다. 천덕봉이 보이는 낮은 동산 자락이었는데 현재 유사리는 유사1리와 유사2리로 나뉘었고, 절골마을은 유사1리 마을회관 앞쪽이다.

이종훈은 어려서부터 글을 잘하는 것으로 소문이 났었다고 한다. 10세부터 한학을 공부했는데, 14세에 학문에 대한 뜻을 접고 고향을 떠나 전국을 떠돌았다.

오랜 방랑을 끝내고 21세에 고향에 돌아와 실촌면 사동 능곡의 넓은 삼림을 사들여 철점鐵店, 철제품을 생산하는 직업을 운영하였고, 이후 설월리에서 다른 사람과 수철점水鐵店을 동업하였다.

철점은 광산업의 일종으로, 광석을 캐는 일과 캐낸 광석을 쇠로 만

드는 일로 나뉘는데, 이종훈이 산림을 사들여 사업을 시작한 것으로 보아 광석을 캐는 사업을 한 것으로 추측할 수 있다. 그리고 수철점은 무쇠를 만드는 광업소의 일종인데, 이종훈은 두 사업 모두 부진하여 폐업하였다.

서울로 올라간 이종훈은 판윤 이원회의 주선으로 해영 별군관이라는 하급 무관에 임명되었지만 적성에 맞지 않아 사직하였다.

31세가 되던 1886년 7월 인천으로 가서 한동안 만석동 북송포리에서 선상객주 노릇을 하며 부를 축적했으나 불의의 사고로 4년 만에 객주 생활을 그만두었다. 선상객주는 배를 이용해 장사하는 상인들을 묵게 하거나, 흥정 등을 붙이는 일을 하는 곳으로, 일종의 숙박업과 거간사고파는 사람 사이에 들어 흥정을 붙이는 것일을 함께하는 곳을 말한다. 이후 함경도 함흥으로 거처를 옮겼지만, 민란이 일어나자 다시 고향 광주로 돌아와 금전을 빌려주는 금전대차영업을 하였다.

이종훈은 어렸을 때 한학을 배웠지만, 일찌감치 전국을 돌아다니며 다양한 경험을 했고, 훗날 상업에 종사한 터라 열린 생각을 할 줄 하는 인물이었다. 그런 경험이 있었으므로 동학에 입도한 후 사회변혁 운동에 적극적으로 참여할 수 있었고, 3·1운동 이후에는 천도교의 혁신에 앞장설 수 있었을 것이다.

이종훈이 동학에 입교한 때는 자료에 따라 1880년인 25세, 1893년인 38세로 보는 두 가지의 설이 있다. 하지만 이종훈이 직접 일기 형식으로 기록한 '이종훈 약력'을 보면, 1893년 1월 17일 동학에 입도했다고 쓰여 있으므로 38세인 1893년으로 보는 것이 타당하다.

입도 후 이종훈은 '모든 사람은 평등하며 새로운 세상이 열린다'는 동학의 가르침을 따라 충실한 삶을 살기 시작했다. 자신이 듣고 깨우친 동학의 가르침을 주위에 알리기 위해 광주 지역을 시작으로 지평, 여주, 이천, 충주, 음죽, 안성 등 경기도와 충청도 지역까지 포교의 범위를 넓혀나갔다.

이러한 포교 활동을 기반으로 동학운동 당시 광주에서 기포할 수 있었다. 기포起包는, 동학의 조직인 포를 중심으로 봉기하는 것을 뜻한다. 포는, 지역 단위 부대 명칭으로 포의 책임자는 '대접주'라고 불렸다.

1893년, 앞서 두 차례 교조신원운동을 전개한 적이 있는 동학 교단이 광화문 앞에서 다시 교조신원운동을 전개했다. 광화문 교조신원운동에서도 신앙의 자유를 획득하지 못한 동학 교단은 3월 10일 '보국안민', '제폭구민', '척양척왜'를 기치로 내걸고 보은 집회를 열었다. 집회에는 전국 각지에서 온 동학 교인이 집결했다. 물론 광주 지역 동학 교인도 참여했는데 이들의 지도자는 이종훈이었다.

「취어」에 의하면, 보은 집회 당시 크고 작은 깃발을 내세워 참가한 지역을 알렸는데, 광주 지역 동학 교인들은 '광의廣義'라고 표기한 깃발을 내걸었다. '광주 사람 수백 명이 돈 네 바리를 실어 왔다.'라고 적혀 있을 정도로 적극적으로 참여하였다.

이와는 별개로 이종훈은 말 두 필과 800냥의 거금'이종훈 약력'에서는 200냥을 기부하여 최시형을 비롯한 여러 사람의 주목을 받았다. 이는 그가 동학교단의 핵심 지도부로 성장하게 되는 계기가 되었다.

동학농민운동의 지도자로 부상하다

이종훈은 집을 떠나 속리산과 용문산에 들어가 수련하며 여름을 보낸 뒤, 최시형과 손병희를 찾아가 가르침을 받았다. 이종훈의 인품과 지도력을 높이 산 최시형은 그를 경기도 편의장에 임명하였다. 경기도 편의장은 경기도 지역의 동학 교도들을 관장하는 동학 조직의 책임자이다.

1894년 1차 동학농민운동은 전봉준이 이끄는 남접 농민군에 의해 시작되었다. 1월 10일 정읍 고부에서 첫 기포를 한 동학군은 3월 20일 무장 기포, 3월 25일 백산대회, 5월 11일 황토현 전투를 거쳐 5월 30일 전주성을 점령했다. 조선 정부와 화약을 체결한 동학군은 호남지역 각 군에 집강소를 설치하고 민정을 실시했다.

전라도 지역을 중심으로 한 동학 조직을 남접이라고 하고 충청도 지역을 중심으로 한 조직을 북접이라고 하였는데, 1차 동학농민운동은 전라도 지역에서만 일어난 지역적인 항쟁이었다.

동학군과 전주 화약을 맺은 조선 정부는 청나라와 일본을 조선 땅에서 물러가라고 했지만, 일본은 이를 무시하고 오히려 경복궁에 난입했다.

이 사실을 알게 된 최시형은 격분하여 1894년 9월 18일 보은 도서에서 총 기포령동학 농민 운동 때 동학의 조직인 포를 중심으로 봉기蜂起하던 일을 내렸다. 이에 따라 손병희가 이끄는 북접 농민군은 일제히 기포하여 전봉준이 이끄는 남접 농민군과 합류하기 위해 논산에서 향했다. 이로서 2차 동학농민운동은 지역 단위가 아닌 전국 단위의 항쟁으로 발전하게 되었다.

광주 일대를 관할하던 이종훈은 광주와 여주, 양지, 지평, 이천 등지 농민들에게 함께 기포할 것을 권유하였다. 이 권유에 따라 경기도 서남부 지역 동학군도 일제히 기포했다. 이종훈은 손천민, 박인호 등과 함께 허문숙, 맹영재가 이끈 민보군과 싸워 이들을 물리쳤다.

그리고 충주 외서촌 황산에 집결한 동학군과 합류했다. 황산에는 이종훈이 이끄는 동학군 외에 이용구의 충청도 북서부 지역과 강원도 남서부 지역 동학군이 집결해 있었다.

황산에 동학군이 집결하자 정부에서는 동학군을 진압하기 위해 선유사 정경원을 파견하였으며 정경원은 포군 5백여 명을 이끌고 충주 사창리에 머물렀다. 황산과 사창리는 불과 1리 정도였다.

일촉즉발의 상황에서 이종훈은 이용구와 함께 정경원을 만나 담판을 시도하였다. 이종훈과 이용구는 정경원에게 '일본이 조선을 겁박하는 이런 어려운 시기에 같은 조선인들이 서로 싸워 다치게 하는 것이 옳지 않다.'고 설득했다.

정경원은 이를 수용하고 군사를 10리 밖으로 퇴각했다. 이런 적극적인 활동으로 이종훈은 동학농민운동의 지도자로 부상하였다.

북접 동학군은 논산에서 남접 지도자 전봉준과 합류, 남·북접 연합군을 만들어 대본영을 설치했다. 보은에 집결한 동학군은 손병희를 중심으로 5군영을 편성하였다. 이때 이종훈은 논산을 거쳐 공주 우금치 전투에 참가했으나, 우세한 무기를 가진 일본군에 의해 패배하고 말았다.

동학군은 어쩔 수 없이 경천·논산·여산·익산·전주·원평·태인·고부·백산·정읍 – 장성으로 퇴각하였으며, 이때 이종훈도 함께 하였다.

장성에서 전봉준의 호남지역 동학군과 결별한 호서지역 동학군은 손병희와 이종훈의 지휘 아래 무주·임실 – 영동 용산·청산 – 보은으로 북상했다. 이종훈이 지휘하는 동학군은 영동 용산에서 관군을 물리치고 청산을 점령했다. 하지만 보은 북실에서 크게 패하고 음성 되자니에서도 패하자 손병희는 동학군을 해산했다.

이종훈은 전투에서 패한 후, 동학의 최고 책임자인 최시형을 보필하며 강원도 인제, 원주, 경기도 이천 등지로 숨어 다녔다. 그러나 1898년 최시형은 원주 송골에서 체포되고 만다. 최시형이 서소문 감옥에서 수형생활을 시작하게 되자, 이종훈은 옥리獄吏를 매수해 동학 교도와 최시형 사이의 중요한 사항들을 연락하는 역할을 맡았다. 이종훈은 감옥의 옥리와 결의형제를 맺고 최선을 다해 최시형을 뒷바라지 하였다.

그 해 6월, 최시형이 교수형을 당하자 광희문 밖에 버려진 시신을 몰래 빼내어, 경기 광주 송파현재 서울 송파구에 사는 신도 이상하의 집

뒷산에 임시 매장하였다. 그리고 2년 후인 1900년 3월 12일 여주시 금사면 주록리에 있는 천덕봉 아래로 이장하였다.

김산 홍재연구소장은 이종훈의 고향을 탐방한 후 연재한 글에서, 이종훈이 최시형의 묘소를 여주시 천덕봉 아래 모신 이유를 밝혔다.
지도를 보면, 여주시 금사면 주록리와 선생의 고향인 곤지암읍 유사리는 천덕봉을 사이에 두고 동과 서로 나뉘어 있고, 천덕산이라고 불리는 천덕봉은 바로 이 두 마을을 품고 있다. 즉, 이종훈은 자신의 고향 산인 천덕봉에 존경하는 해월 최시형 동학 2대 교조를 모시고자 한 것으로 보인다.

범국민 신생활운동을 전개하다

동학농민운동과 최시형 선생의 시신 수습 등 일련의 사건 속에서 교단 안에서 인정을 받은 이종훈은 1889년 8월 홍천군 수유산에서 백일기도에 몰입한 후 종교 활동에 전념하였다.
그 때 교단을 책임지고 있던 손병희는 정부의 체포령을 피해 일본으로 망명 중이었다. 그는 조선에서 문명개화운동을 전개하기로 결심하고, 이를 위해 국내에 있는 이종훈, 박인호, 홍병기 등 40여 명을 일본으로 불러 그 취지를 설명하였다.
1903년 손병희는 신속하면서도 효과적으로 민회 운동을 진행하기 위해 교단 조직을 정비하기로 했다. 대두령제를 실시했는데 이종훈은 나용환, 홍기억, 노석기 등과 함께 대접주에 선임되었다.

1904년 비밀리에 독립협회 민회운동 방식을 도입한 '대동회'를 조직했다. 대동회는 손병희의 지시대로 머리를 짧게 자르고 검은색 옷을 입고 신생활운동을 벌였다. 그 후 이종훈은 박인호, 홍병기 등과 모화관 산방에 모여 대동회의 회명을 '중립회'로 바꿨다.

그러나 중립회가 동학 세력임을 간파한 정부가 동학을 다시 탄압하자, 손병희는 '진보회'로 명칭을 다시 바꿨다. 이종훈은 진보회 조직 과정에서 핵심적인 역할을 하였다.

진보회를 이끌던 이용구는 손병준과 윤시병 등이 조직한 일진회와 통합했다. 그런데 1905년 을사늑약이 체결되고 일진회의 친일 행위로 동학 교단이 친일 종교로 손가락질 받게 되었다.

손병희는 1905년 12월 24일 '동학'이라는 이름을 '천도교'로 바꿨다. 그리고 동학 교인들에게 일진회를 탈퇴하고 천도교로 귀의하기를 권고했다. 대부분의 동학교도들은 천도교로 귀의하였다. 이종훈도 이때 귀의하여 손병희를 도와 교단 정화에 참여하였다.

1906년 이종훈은 천도교 고문이 되었으며, 1907년에는 천도교 중앙총부 현기사장, 1908년 대종사장, 1909년 도사실 최고직인 장로에 임명되었다. 현기사는 천도교 정신기관으로 현기사장은 현기사를 책임지고 있는 직책이다. 대종사장은 천도교의 최고 의결기관의 책임자이며, 장로는 천도교 최고 원로 예우직으로 이종훈이 천도교로 귀의한 후, 천도교에서 중요한 직책을 두루 맡았다는 것을 알 수 있다.

1912년 1월 일제가 조선을 합병한 직후 이종훈은 이종일, 임예환 등과 함께 일제의 경제적 수탈 대상이 되었던 농어민을 중심으로 민중운동을 전개하기로 했다.

이를 위해 농어민에 대한 일제의 경제 수탈 상황을 먼저 파악하기로 하고 이종훈은 농민의 피해 상태, 임예환은 어민의 피해 상태를 조사했다. 이때 조사한 자료를 바탕으로 우선 농어민을 상대로 비정치적인 집회를 전개하기로 구상하고, 앞으로 서울을 중심으로 노동자를 포섭할 계획을 세웠다.

이를 위해 1912년 6월 30일 손병희의 후원 아래 보성사 사장 이종일과 보성사 직원 60여 명을 중심으로 범국민 신생활운동을 전개하기로 했다. 그러나 일제가 이종일을 연행하는 등 방해를 하는 바람에 집회는 성사되지 못했다.

3·1운동은 1916년부터 시작되었다

1912년 10월, 천도교단을 중심으로 민족문화수호본부가 조직되어 총재 손병희, 회장 이종일, 부회장 김홍규, 제1분과위원장 권동진, 제2분과위원장 오세창, 제3분과위원장 이종훈 등이 선임되었다.

1914년 4월, 이종훈은 교인과 일반인들을 대상으로 '민족문화수호의 의의'에 대한 강연을 하고 있었다. 그런데 도중에 형사에게 연행되어 경찰서에 끌려가게 되었다. 다시는 강연회를 열지 않겠다는 서약서를 쓰고 풀려난 후, 그는 드러나는 활동을 모두 중지했다. 그리고 비밀결사로만 활동했다.

1914년 8월 들어 유럽에서 제1차 세계대전이 발발하자 천도교단은 국제정세의 변화에 따라 독립의 기회가 올 것으로 판단하고 비밀결사단체인 천도구국단을 조직했다. 천도구국단의 중추적 역할은 민중운동을 전개하는 것이었다. 이종훈은 천도구국단의 임원으로 선임되지는 않았으나, 적극적으로 참여했다.

1차 세계대전이 막바지에 이른 1916년 2월 이종일이 구 정객을 앞세워 민중운동을 전개할 것을 제안하자, 이종훈은 적극적으로 찬성했다. 이종훈은 기독교를 대표하는 이상재를 만나 민중운동을 협의하기로 했고, 김홍규는 한규설, 신영구는 윤용구, 장효근은 김윤식, 홍병기는 박영효, 이종일은 남정철을 각각 담당했다.

이종훈을 만난 이상재는 '천도교 측에서 나선다면, 나는 기독교들을 동원하겠다.'고 약속했다. 하지만 한규설, 윤용구, 남정철 등은 참여를 거부했다.

이처럼 천도구국단은 천도교의 단독적인 민중운동보다 여러 세력이 함께 참여하는 '민족연합전선'을 민중운동의 방략으로 정했다. 이는 3·1운동에서도 그대로 적용되었다.

3·1운동에 앞서 천도교단은 구 정객 및 친일 인물들도 동참하며 기독교, 불교를 비롯한 전 민족이 참여하는 거족적인 만세운동을 준비했던 것이다. 그러므로 1919년의 3·1운동은 이미 1916년부터 준비되어

있었다고 볼 수 있다.

이 과정에서 이종훈을 비롯한 천도교 핵심 간부들은 대중화 ·일원
화·비폭력이라는 민족운동의 3원칙을 제시하였으며, 이는 3·1운동
원칙으로 반영되었다.

최고령 민족대표로 3·1운동을 준비하다

1919년 이종훈은 천도교 장로 직분을 맡고 있었다. 2월 25일 천도교
기도회 종료 보고와 고종의 국장을 배관하기 위해 서울로 올라갔다가
손병희, 권동진, 오세창 등을 만났다. 그는 독립운동에 관한 계획에
찬성하고 25일 독립선언서에 서명했다. 그리고 28일 밤 서울 재동에
있는 손병희 집에서 3·1독립운동에 대한 최종회의에 참석했다.

나중에 신문 과정에서 이종훈은 오세창과 권동진, 최린 등의 권유
에 따라 민족대표에 참여한 것으로 진술하고 있다. 그러나 『묵암비망
록』에서 살펴본 바와 같이 민족문화수호운동과 천도구국단 결성 시기
부터 이미 3·1운동을 같이 준비해 왔다고 할 수 있다.

그렇게 진술한 것을 보면, 운동의 초기 단계부터 천도교에서는 외
부와 내부의 역할 분담이 이루어졌을 가능성이 크다. 권동진, 오세창,
최린 등이 천도교단의 외적 활동을 담당하였다면 이종훈은 천도교 내
부 활동을 담당한 것으로 판단된다.

李 鍾 勳

피고도 조선독립에대하야 대단이고 일한합방을 극히 반
대하얏나 비 조선의민족으로 엇지그맘 이업겟소
작년의 월이십오일경에 오세창의 집에서 권동진(權東鎭) 오세창(吳世昌)이 두 맛나서 민족자결쥬의를 주창하고 조선독립을 운동하자고 한일이 잇서
가 피고도 그에대하야 찬성하얏는
가 그럼으로 독립선언서를 인쇄하야 각쳐에 배포하고 독립청원서와 의견서를 작성하야 지고 일본정부와 미국대통령고 강화회의에 보내자하얏는가
한고 뜻는 조선독립을 승인하야
독립청원셔와 의견셔에 피고도 기명하얏는가
야 각쳐에비포하고 독립청원서와 의견서를 작셩하야지 인을한것이냐 실이지 아니오 이십팔일에는 관일 일본정부와 중앙총부에서 오셴
피고가 가입한것은 독립선언서에 오셰창의 셔명의
엇더케한것인지 아지못하얏 자과도 하자한것인데
피고가 일족이말하얏슴을드릿 자과에배포하자 인쇄하야 각쳐에 배포하자
그것도래 화뎡에셔슐써음 그것을 인쇄하야 각쳐
도 묘지 그 버용은 아지못하 그러면 그것을 인쇄하야 각쳐
에게 빤앗긴것에 지나지못 방쳑에셔 취음보다가 경
지못하고 겨우 삼월초하로 나는 그러한자셴 한바 용은
덜나누 뜻의 모힌것인가

이종훈 심문기사 _ 매일신보, 1920년 9월 22일

3월 1일 이종훈은 인사동 태화관에 손병희와 함께 참석해 민족대표 33인의 한 사람으로 체포되고, 보안법과 출판법 위반 혐의로 2년형을 선고받았다. 독립선언서에 서명한 33인 가운데 60대는 총 4명인데 손병희와 권동진은 60세, 이종일은 62세, 이종훈은 64세로 민족대표 중 최고령자였다.

판사가 이종훈에게 물었다.

"조선 독립에 대해 크게 갈망하고 있으며 한일병합에 극히 반대하

였는가?"

"조선 민족으로 어찌 그 마음이 없겠소?"라며 이종훈은 당당히 응수하였다.

"독립이 필요한 이유는 무엇인가?"라는 질문에 대해서는,

"조선 민족이 자유를 찾으려고 하기 때문에 독립하려고 했다."고 대답하였다.

수많은 지사가 옥중에서 목숨을 잃었듯이 감옥생활은 혹독했다. 그러나 이종훈은 잘 견뎌내고 2년 9개월의 옥중생활을 끝낸 후, 1921년 11월 4일에 출옥하였다. 동지 이종일은 '(이종훈이 옥중에서) 꿋꿋한 모습을 보여주어 더욱 마음이 든든했다.'라고 증언했다.

이종훈은 출옥 소감으로,

"2년의 징역을 살았다 해도 그동안 아홉 달이나 병감에 누워있었고 오늘도 병감에서 나왔으니 징역의 참맛은 알지 못하였소. 그저 한울님의 은혜와 선생의 덕택으로 죽은 몸이 살아나온 것만 다행이오."동아일보, 1921.11.5라고 말했다.

이종훈 출옥기사 _ 동아일보, 1921년 11월 5일

만주지역 민족운동 전개

손병희가 사망하자, 1922년 7월 이종훈은 천도교인을 중심으로 조직된 고려혁명위원회 고문에 추대되어 항일운동을 했다. 고려혁명위원회는 천도교 혁신운동과 맥을 같이하는 비밀결사 조직이었다. 3·1운동 이후 천도교는 민족운동론으로 무장투쟁을 적극적으로 주장하였다.

이종훈은 천도교 내 혁신파를 지지하며 1926년부터 고려혁명당에서 활동했다. 고려혁명당은 1926년 4월 5일 중국 길림에서 결성된 만주의 정의부 계열과 국내의 천도교 혁신파, 형평사가 연합하여 만든 것으로 민족유일당운동의 선구격인 통일전선체였다.

고려혁명당은 국내외 조직을 연합해 만주를 중심으로 무장투쟁을 전개하는 한편, 이를 지원하기 위한 국제 연대를 모색하는 민족 유일당이 되고자 했다. 고려혁명당의 창당을 주도한 인물은 천도교 혁신파의 영수였던 최시형의 장남 최동희였다. 그리고 고려혁명당에 참여한 혁신파는 국내 비밀정치 조직인 고려혁명위원회 간부들이었다.

하지만 1926년 12월 고려혁명당 사건이 터져 혁신파 간부 대부분이 투옥되었고, 1927년 최동희마저 상해에서 폐병으로 사망하게 되자, 고려혁명당 내에서 혁신파의 위상은 완전히 무력화되고 말았다.

이종훈은 1921년 출옥 후부터 천도교 원로로 교단 내의 역할을 수행하며 혁신파를 도왔다. 야뢰 이돈화는, '이종훈이 출옥 이후 만주에 대한 포교 활동에 힘을 기울였다.'라고 했다. 따라서 1920년대 이후 만주 지방에서 발생한 천도교계 민족운동에 이종훈이 영향을 끼쳤을 가능성이 있다.

만주에서 활동하던 그는 귀국한 지 1개월 만에 1931년 5월 2일 76세의 나이로 병사하였다. 시신은 고향에 매장되었다가 1966년 국립서울현충원 독립유공자묘역19묘역 21번에 안장되었다.

정부에서는 그의 공훈을 기리어 1962년 건국훈장 대통령장을 추서하였으며, 국가보훈처는 2011년 3월 '이달의 독립운동가'로 이종훈 선생을 선정하였다.

당시 「동아일보」에서는 그의 죽음을 알리며 아래와 같은 기사를 실었다.

'천도교 장로로 또한 종법사 고문을 역임한 정암 이종훈씨는 금 2일 오전 3시 40분 향년 76세를 일기로 세상을 떠났다. 일찍 기미년 민족운동에 참가하였던 33인 중의 최고령자로 그는 본래 성정이 강직하여 한번 굳게 정한 뜻이라면 변한 일이 없었다.'

이종훈 부고 신문 _ 동아일보, 1931년 5월 3일

이종훈은 천도교의 주요 교직을 담당했을 뿐만 아니라 동학농민운동 때는 중군장으로 참여했고, 1895년 교수형을 당한 최시형의 시신을 수습하는 등, 교단과 운명을 같이 해왔다.

동학이 천도교로 바뀐 후 이종훈은 손병희를 지지하며 지방과 중앙에서 천도교의 발전에 공헌했다. 3·1운동 이후 혁신을 주장하며 근대적인 종교로의 발전을 꾀했으며, 이를 바탕으로 민족운동을 전개한 '강직하면서도 혁신에 앞장서는 천도교인'이었다.

3대에 걸친 독립운동

이종훈의 집안은, 이종훈의 영향을 받아 그의 아들과 손자까지 3대가 조국의 독립을 위해 헌신했다. 맏아들 이관영이동수라고도 함은 손병희의 첫째 사위인데, 어린이 운동으로 유명한 소파 방정환이 손병희의 셋째 사위이니, 방정환의 큰 동서가 된다.

이관영은 일본으로 유학을 떠나 유학 선배인 권동진, 오세창 등과 만난다. 1905년 일본 유학 중 경술국치 소식에 의분하여 귀국한 후, 이완용 암살 기도와 이완용 집에 방화를 주도하였다. 일본 경찰이 체포하려 하자 양평으로 피신하여 의병대장이 되었으며, 양평 용문산 일대에서 일본군에 항전하다 1907년 25세 나이로 순국하였다.

이종훈의 손자 이태운은 일곱 살 때 아버지를 잃은 후, 1919년 3·1운동 당시에는 보성전문학교 학생으로 20세였다. 그는 독립선언서 준비작업 과정에서 연락 임무를 담당했으며 이모부인 방정환과 함께 독립선언문을 등사하여 서울 시내에 배포하였다. 이후 40여 년 동안 언론인으로 지내면서 국민에게 민족의식을 고양시키는데 헌신하였다.

이종훈과 그 가족은 3대에 걸쳐 독립운동을 한 독립운동 명문가 집안이지만, 다른 독립운동가에 비해 널리 알려지지 않았다. 특히 이종훈 선생과 광주에 대한 연결고리는 지금까지 알려진 적이 없었다.

2021년 5월 광주 여러 단체들이 '광주의 독립운동가, 정암 이종훈과 90주기를 추모합니다'라는 현수막을 광주 지역 곳곳에 게시하였다. 그 후 시민단체들을 비롯하여 학계에서 정암 이종훈을 기리는 작업을 본격적으로 준비하고 있다.

동학운동을 주도했으며, 3·1운동과 항일투쟁까지 모든 독립운동사에 걸쳐 업적을 이룬 그의 흔적을 되살려 그의 애국정신이 널리 알려지기 바란다.

신익희 - 독립운동가이며 교육자 -

임종분 · 하영호

신익희 선생 _ 경기도 광주시
홈페이지

해공 신익희는 대통령 후보를 지낸 정치인으로 더 많이 알려졌다. 그러나 그는 독립운동가, 민족교육운동가, 대한민국 헌법의 설계자, 언론인, 대한민국 건국의 공로자, 이념 대립을 뛰어넘은 실사구시의 민족주의자로 불릴 만큼 다양하고 광범위한 영역에서 활동했던 분이다.

그는 단순히 계획에 머무르지 않고 직접 행동으로 옮긴 인물이며, 수많은 연설과 기고문을 통해 우리 민족의 비전과 사명을 제시한 사상가이기도 하다. 그는 민주국가에서 한 번도 살지 않았으면서도 민주주의의 근본을 꿰뚫고 있었다.

"사람은 모두가 저 잘난 맛에 산다. 남대문 시장의 지게꾼이나 정부의 고관대작이나 모두 자기주장이 있다."

그러기에 서로 다툼이나 대립이 생기지 않기 위해서는 상대의 말을 경청하고 존중하는 자세가 필요하다고 말하곤 했다.

광주와 해공 신익희

신익희는 1894년 7월 11일음 6월 9일 광주군 초월면 서하리 사촌옛 지명 초월면 사마루에서 아버지 신단과 어머니 정경랑 여사 사이에서 막내 아들로 태어났다. 그가 태어난 해는 동학농민혁명과 청일전쟁이 일어나 나라가 매우 혼란한 시기였다. 그는 한평생 조국 대한민국의 완전 독립과 만백성이 주인인 민주주의를 위해 한평생을 헌신한 광주시를 대표하는 역사적 인물이다.

신익희가 태어난 광주시 초월읍 서하리에는 그의 생가가 잘 보존되어 있다. 그의 생가가 있는 초월읍 서하리는 퇴촌면 정지리와 붙어있는데, 이 두 곳은 퇴촌 토마토로 잘 알려져 있는 곳이다.

그의 생가는 경기도 기념물 제134호로 지정되었다. 원래는 지금의 위치에서 남동쪽 약200m 떨어진 곳에 있었으나, 1922년 을축년 대홍수로 가옥 일부가 파손되어 현 위치로 이전하였다고 한다. 생가 주변은 야트막한 산과 푸르른 논과 밭으로 둘러싸인 조용하고 아담한 농촌 마을이다.

사마루司馬樓라는 마을 이름은 고려의 충신 4명이 말을 타고 이곳을 지나다가 마을의 형태를 보니 마치 누각처럼 생겼다고 하여 붙여진 이름이다. 그리고 마을 앞으로 흐르는 경안천이 서쪽에서 동쪽으로 흐르고 있어서 안개가 자주 낀다고 하여 서하리西霞里라 부르게 되었다.

어려서부터 똑똑하다고 칭찬을 받아 온 신익희는 5살 때 천자문을 읽고, 10살 정도에는 어른들도 어렵다는 사서삼경을 읽어 그 뜻을 익히자 사람들은 신익희가 천재적 재능을 가졌다고 칭찬했다.

한번은 아버지와 친하게 지내시는 분이 집에 찾아와, 어린 나이에 어려운 책을 읽는 신익희를 보고, 한 구절을 외워보게 한 다음 그 뜻을 물어보았다. 그랬더니 정확하게 대답하는 것을 보고 깜짝 놀랐다는 일화도 있다.

을사늑약이 체결되던 1905년, 신익희가 열두 살일 때 아버지 신단이 세상을 떠났다. 아버지 삼년상을 치른 후, 신익희의 재능을 아깝게 생각한 둘째 형이 신익희에게 신학문을 공부시키고자 남한산 보통학교현재 남한산성 초등학교에 입학시켰다.

신익희는 기숙사에서 지내며 학교에 다녔다. 한문 실력은 선생님보다 오히려 뛰어났다. 역사, 산수, 지리 등도 이미 책을 읽어 다 알고 있는 것이라 더는 배울 것이 없다고 생각한 신익희는 학교를 그만두었다.

이를 지켜본 둘째 형이 서울에 있는 관립 한성외국어학교 영어과에 신익희를 입학시켜 영어와 신학문을 배우게 했다. 1910년 신익희는 빼어난 성적으로 한성외국어학교를 졸업했는데, 그해는 우리나라가 일제에 의해 강제합병 당한 해였다.

일본 유학

한성외국어학교 영어과를 졸업하고 집으로 돌아온 신익희는 형님들을 도와 농사를 지으며 나라를 위해 무엇을 할 것인가 곰곰이 생각했다. 그리고 제대로 알아야 일본을 이길 수 있다는 생각에 메이지유신 이후 근대화를 통해 부강해진 일본의 비결을 배우기 위해 유학을 결심한다.

그러나 가정 형편이 어려워 망설이고 있었다. 그때 한성외국어학교 동창생이, '일본 유학 비용을 후원해줄 테니 함께 가지 않겠느냐'고 제안해 드디어 유학을 떠나게 되었다.

일본으로 유학을 간 신익희는 세이소쿠 영어학교를 졸업한 뒤 와세다 대학 정치경제학부에 입학했다. 부족한 생활비는 친구의 도움과 아르바이트로 충당했다. 동경에 있는 조선 유학생 중에는 신익희와 마찬가지로 신학문을 배워 조국을 위해 일하고자 하는 유학생들이 있었다. 안재홍, 문일평, 장덕수 등이 그들이다.

뜻이 맞는 이들이 모이게 되자, 조선유학생학우회를 만들었다. 흩어져 있는 조선 유학생들을 하나로 모으기 위해서였다. 신익희는 총무, 회장 등을 역임했다. 그리고 이 단체의 학회지인 학지광의 편집인 겸 발행인 등을 맡아, 유학생들과 국내 청년 학생들에게 민족정신과 독립사상을 고취시키는 활동을 했다. 조선 유학생학우회는 사실상 독립운동 단체의 성격을 띄고 있었다.

일본 와세다대학을 졸업한 신익희는 귀국해 생활비와 미국 유학을 위한 비용을 마련하기 위해 중동학교 교사로 지냈다. 뒤이어 보성법률상업학교현재 고려대학교 교수가 되자 헌법학, 국제공법, 재정학 등을 강의하며 조국 독립을 역설했다.

보성법률상업학교는 한국 사람이 세운 유일한 학교였다. 처음에는 황실에서 지원을 받는 공립학교였으나, 일제의 탄압으로 폐교의 위기에 처하게 되자 천도교 3대 교주인 손병희가 넘겨받았다. 그러나 손병희를 비롯해 3·1운동에 관여된 교수와 학생들에 대한 일제의 탄압 때문에 학교는 재정적 위기에 몰리게 되었다. 이때 고려대학교 설립자로 알려진 인촌 김성수가 자비를 들여 넘겨받아 현재에 이르고 있다.

1918년에는 최린, 최남선 등과 독립 선언문 발표를 구상하는 한편, 해외 거주 독립운동 단체와 동시에 궐기하기 위해 이승훈, 손병희와 상의했다. 그리고 3·1 독립운동을 선두에서 지휘하다가 일본 경찰의 체포령이 떨어지자 중국 상하이로 망명했다.

독립운동에 뛰어든 신익희

1918년 6월에 우리나라 독립운동에 획기적인 계기가 되는 일이 발생한다. 당시 미국 대통령 우드로 윌슨이 민족자결주의를 외친 것이다. 이는 각 민족은 그 정치적 운명을 스스로 결정할 권리를 가져야 하며, 외부로부터의 간섭을 허용하지 않는다고 하는 내용이었다. 윌슨의 주장은 약소민족의 자주 독립사상을 널리 인식시키는 계기가 되었다.

신익희는 유학 시절과 보성법률상업학교에서 인연을 맺은 최린, 송진우, 장덕수 등과 함께 독립운동을 계획했다. 그리고 국외에서 독립운동을 하는 지도자들과의 연락책도 맡게 되었다.

1919년기미년 2월 8일 신익희는 동경 유학시절에 조직한 비밀결사 단체인 조선 유학생학우회 후배들이 동경에서 독립만세 시위운동을 전개하였다는 소식을 상하이에서 발행하는 신문을 통해 접하고 감격했다. 김도연, 백관수, 최근우, 이광수, 김마리아 등 한국인 남녀유학생들이 동경 시내 중심가 간다구에 있는 조선기독교청년회관에서 춘원 이광수 초안의 독입선언서를 낭독하고 시위를 했다는 뉴스였다.

일본에서의 독립만세 시위는 우리나라 사람들에게도 전해져, 같은 해 3·1만세운동이 일어나는 계기가 되었다.

독립선언서는 육당 최남선이 초안을 수정하여 완성했으며, 뒷부분에 있는 공약3장은 신익희가 주장해 선언서에 포함되었다. 그런데 왜 신익희는 민족대표 33인에 포함되지 않았는지 궁금해진다. 그 이유는, 신익희는 해외 동지들의 연결과 규합을 담당하고 있었으며 해외에 있었기 때문이다. 영어와 중국어 실력이 상당한 신익희는 독립운동을 위한 국외 지도자와 국내지도자 사이의 연락책을 맡아 외국에 자주 나가곤 했다.

3·1운동 소식을 접한 신익희는 자신이 행동해야 할 때가 왔다고 생각했다. 그는 상하이를 떠나 3월 초순에 귀국해 혁명의 진원지인 서울

에 도착했다.

1919년 3월 5일이 되자 서울역 부근에는 조국 독립을 염원하는 남녀 학생들과 시민들이 모여들어 인산인해를 이루었다. 평양에서도 1백 여명의 학생들이 서울에 올라와 합세했다. 대규모 독립만세 운동이 전개되었고, 이는 서울의 제1차 3·1 운동시위를 계승한 대규모 항일민족 투쟁이었다.

그러나 국내·외에서 독립만세 운동이 거세어질수록 일본 경찰과 헌병들의 탄압도 거세어졌다. 무차별 총격 후, 주도적으로 운동을 이끌었던 인물들이 체포되었다. 신익희 역시 일제 당국의 감시, 체포 대상이 되어 국내에서 활동하기가 어려워졌다. 신익희는 다시 중국 상해로 건너가 조선 독립운동을 지원하기로 결정했다.

3·1운동은 비폭력 평화적 운동으로 일제의 조선에 대한 탄압과 강제 병합을 대외적으로 알리는 계기가 되었다. 신익희는 적극 노력해 국내·외에 흩어져 있던 민족지도자들이 상해에 모여 대한민국임시정부를 수립할 수 있게 했다. 이전까지는 상해임시정부뿐만이 아니라, 망명 지도자들이 각각 수립한 정무적 성격의 기관이 여러 지역, 여러 나라에 흩어져 있었기 때문이다.

신익희는 이시영, 조소앙과 함께 임시정부의 국체, 정부 조직 및 운영방식 등을 논의하고, 국회의 성격을 가지는 '임시의정원'을 구성하는 동시에 정부 수반과 내각을 담당할 국무위원의 인선 작업도 서둘렀다.

1919년 4월 10일, 29인이 참석한 가운데 제1차 임시의정원 회의라고 명명하고 참석자들을 출신 도를 대표하는 의원으로 정식 선출했다.

이로써 임시의정원을 구성하고 의장에 이동녕, 부의장에 손정도를 선출하였다.

이 회의에서 '임시정부수립을 위한 국호 및 국무원 조직과 관제에 관한 사안 및 임시헌장에 관한 사안을 의안으로 상정했다. 그리고 국호는 신석우의 동의에 찬성해 '대한민국'으로 정하고, 연호는 민국으로 하고, 3·1 독립운동을 한 1919년을 민국 원년으로 정했다.

통합 임시정부를 수립하기 위해서는 먼저 헌법을 만들어야 하는데 이때 신익희는 헌법 초안 기초위원으로 참여하여 현재 대한민국 헌법의 기초가 되는 임시헌장을 만들어 임시의정원국회의 성격의 의결을 거쳐 비로소 임시정부의 헌법이 마련되었다.'

독립군 양성에 힘쓰다

임시정부를 떠난 신익희는 중국 북방의 군벌과 연대하고 군사력을 갖추어 국내로 들여보내, 힘 있는 무력투쟁을 계획했다. 마침 북방 군벌 휘하에는 일본유학 시절에 알게 된 중국의 고위 장군이 있었다. 그는 신익희에게 호감을 갖고 있었다. 조국 독립운동에 대한 신익희의 열정에 감복하여 신익희를 중국군 고위 장성으로 임명했다.

이를 바탕으로 조선 청년 500여 명과 일본에 적대적인 중국, 러시아 청년들을 규합해 조직적이고, 체계적으로 훈련시켜 유격전에 능한 특수부대로 만들 수 있는 좋은 기회를 얻게 된 것이다.

그런데 신익희에게 도움을 주던 장군이 갑자기 세상을 떠나게 되자 모든 상황이 바뀌었다. 그 후임으로 오게 된 인물이 성격이 옹졸한 데다 사사건건 시비를 걸고 지원을 거부해 신익희는 그 부대에 더 머물 수가 없게 되었다.

1926년 신익희는 중국 최고의 군대 지휘관 장제스를 찾아가 자신이 훈련시킨 특수부대에 관해 설명했다. 그리고 조선과 만주 국경 지역에서 일본군 토벌 작전을 건의했지만, 받아들여 지지 않았다.

1932년부터 신익희는 독립지사들을 만나 한국혁명당을 창당하고 산하에 철혈단을 조직하여 무장독립투쟁을 준비했다. 기관지를 발행해 한인 동포들에게 민족정신과 독립 의지를 일깨우기 위한 노력도 잊지 않았다.

그리고 여러 민족의 독립과 대일 투쟁을 하는 신한독립당, 조선혁명당, 의열단 등 여러 단체를 규합하고 통합하면서 민족혁명당을 출범시켜 중앙집행위원으로 활동했다. 또한 당의 군인부대인 조선의용대 학생들을 대상으로 교양 훈련과 국내외 정세를 가르치기도 했다. 그 때 배운 학생들은 훗날 임시정부가 창설한 한국광복군으로 편입되었다.

대한민국이 세워지다

1945년 8월 15일 해방을 맞이하게 되자, 임시정부 요인들은 대한민국의 품으로 돌아왔다. 그런데 일본의 항복을 받아낸 미국과 영국, 소련은 우리나라를 5년 동안 신탁통치 하려고 했다. 우리 임시정부를 부정하고, 반식민지를 만들어 다른 나라의 통제를 받게 하려고 한 것이다.

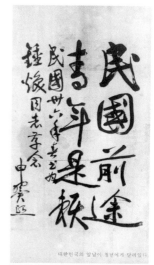

신익희 글, '대한민국의 앞날이 청년들에게 달려있다.'

이 상황을 받아들일 수 없었으므로 전국적인 신탁통치 반대 운동이 일어났다. 미국은 미국이 원하는 대로 대한민국을 통제하고 싶은데, 국내에 들어온 임시정부 중요 인물들이 방해가 되자 그들의 행동을 견제하고 감시했다.

이 때 현실적으로 남북한 단일 정부 수립이 어렵다고 판단하고 남한만의 단독정부를 세우려는 이승만과 남한 단독정부를 수립하면 영구분단이 되는 것을 우려한 김구 간에 갈등이 생기게 되었다. 신익희는 남북한 통합정부는 국내외 여건상 어렵다고 판단했으므로 남한 단독정부 수립을 지지했다. 김구 등의 임시정부 계열과 결별하고, 이승만의 현실론에 합류하게 된 것이다.

대통령은 국민의 하인이다

초대 대통령은 국회에서 국회의원들이 대통령을 선출하는 간접선거

방식이었다. 간접선거 결과 이승만이 초대 대통령으로 선출되었다. 그런데 2대 국회에서 무소속의원이 무려 60% 당선되자, 이승만은 간접선거로는 자신이 또 대통령으로 당선되기 어렵겠다고 판단하고 직선제 개헌안을 국회에 제출했다.

직선제 안이 국회에서 부결되자 직선제 안과 야당에서 제출한 개정안에서 일부를 발췌해 다시 새로운 헌법개정안이 만들어졌다. 이를 발췌 개헌안이라 한다. 이승만은 계엄령을 선포하고 국회의원들을 감금하는 등 강제적으로 발췌 개헌안을 통과시켰다. 이 발췌 개헌안이 통과될 당시 신익희가 국회의장이었다.

신익희가 국회의장으로 발췌 개헌안을 통과시킨 배경에는, 국민 직선제라는데 의의가 있고, 군부세력이 이승만을 제거한 후 미국과 친한 인사를 대통령으로 세우려는 움직임을 경계하기 위한 속뜻이 있었다.

1954년 이승만 정부의 독재정치에 저항하는 야당 연합의 호헌동지회가 국회의장인 신익희를 중심으로 결성되었다. 이듬해 9월 신익희는 이들을 규합하여 통합 야당인 민주당을 만들어 최고대표위원으로 선출되었다. 그리고 1956년 제3대 대통령 선거에서 민주당 대통령 후보로 선출됐다.

대통령 후보 신익희의 한강 백사장 유세에는 무려 30~40만 명이 모여들어 그의 위상을 알 수 있었다. 이 자리에서 신익희는 '민주정치의 핵심은, 국민이 주인이고, 대통령은 국민의 심부름꾼이고, 국민의 하인이라는 사실'을 분명하게 제시했다.

"대통령은 대단한 능력과 자격이 있고, 고귀해 보이는 지위에 있는 사람이지만, 민주국가에서 대통령을 뭐라 부르는지 여러분은 알고 계십니까? 하인이라 부르는데, 영어로 '서번트'라고 합니다. '서번트'라는 말은 심부름꾼인 하인이라는 말입니다. 그러면 대통령이 하인인데, 국장, 과장, 경찰서장, 군수 등은 또 뭣일까요? 하인 중에서도 자질구레한 새끼 하인들이겠죠."

이어서 신익희는, "대통령은 하인, 심부름꾼, 농사짓는 집의 머슴과 같은 존재이기에, 국민이 나가라고 하면 언제든지 나가야 하는 것이 당연합니다."라고 역설한다.

한강 백사장 연설에서 이승만 정부에서는 상상조차 하지 못했던 말들이 거침없이 나와 그동안 억눌렸던 시민들의 마음이 뻥 뚫리게 했다. 신익희의 연설은 새로운 역사를 약속하는 메시지로 가득했다. 그러나 1956년 5월 5일 호남 지방 유세차 타고 가던 열차에서 뇌경색으로 안타깝게 사망한다.

해공 신익희의 사망 소식은 단순히 한 사람의 죽음을 알리는 것이 아니었다. 많은 국민이 꿈과 희망을 접어야 한다는 것을 의미했다. 국민의 공복 자격을 제대로 갖춘 신익희 후보의 갑작스러운 서거로 인해, 한국은 그 후 30년이 넘는 기간 동안 독재와 군사정부에 의한 권위주의 정치로 인해 제자리걸음을 벗어나지 못하게 된 것이다.

신익희는 자신이 밝힌 이상을 현실화하지 못하고 세상을 떠났지만,

그가 전해준 국가 비전과 민주주의 의식은 국민에게 널리 퍼져 4년 후 1960년 4월 혁명의 기초가 되었다. 그리고 억압과 탄압에 저항하는 민주화운동이 끊이지 않고 일어나게 하는 불씨가 되었다.

신익희가 오늘날 공직자들에게 주는 메시지는 분명하다. 대통령이나 장관 또는 도지사, 지방자치단체의 시장 및 그 아래 공직자 등은 모두 국민의 하인이며 심부름꾼이라는 사실이다. 이런 사람들은 언제든지 국민의 뜻에 따라 행동해야 한다는 것이다.

상해임시정부 당시 신익희가 만든 기초 헌법을 토대로 만들어진 대한민국 헌법 제1조를 보면, 공직자들이 알아야 하는 대목이 정확히 기록되어 있다.

'헌법 제 1조 1항 대한민국은 민주공화국이다. 2항 대한민국의 주권은 국민에게 있고, 모든 권력은 국민으로부터 나온다.'

그는 늘 강조했다. 국회의장과 대통령 후보로서 연설할 때도 공직자는 국민의 심부름꾼임을 한결같이 강조했다.

신익희의 삶

신익희는 어릴 적부터 배움에 대한 의지가 강했던 사람이다. 그 배움을 통해 잃어버린 조국을 찾고자 하는 독립운동으로, 광복 후에는 정치적으로 좌우에 치우치지 않는 중도적인 입장에서 민주주의 실현을 위해 살아온 인물이었다.

해공은 전제군주 또는 천황이 존재하던 시기인 1919년에 국가의 정체를 민주공화제로 규정하는 헌법을 만들었다. 권위주의와 벼슬아치는 우러러보고 일반 백성은 낮추어보는 관존민비의 관행이 일상화되던 시절에 민주주의를 주장했을 뿐만 아니라, 민주적 삶을 실천에 옮긴 인물이다. 또한, 중앙 집권이 당연시되던 시기에 지방자치제를 주장하였다.

그는 국제적인 감각으로 한반도라는 좁은 시야를 벗어나 역사와 문명을 넓은 시각으로 바라보고, 인류 평화를 위해 나아가야 한다고 강조했다. 대한민국은 인간과 인류를 이롭게 하는 홍익인간 정신으로 세워졌다는 사실을 우리는 잊지 않아야 할 것이다.

신익희는 민족 독립운동과 더불어 민중 계몽활동을 했던 인물이었다. 10살쯤 되는 조카들과 노비의 자식들을 모아놓고 한글을 가르쳤던 교육 경험을 바탕으로, 한글을 모르는 일반 백성들을 위해 동명강습소, 광동강숙을 설립하고 운영했다.

그는 "우리 국민들에게 신학문을 교육하고 국가의식과 독립정신을 고취하면 왜놈들보다 훨씬 빨리 앞설 수 있다."는 확신 속에 구국 계몽 활동을 펼쳤다. 그런 이유로 다른 계몽론자 보다 신익희는 구국 계몽 활동에 더욱 매진할 수 있었다. 그는 한국 민족이 일본 민족보다 우수하다는 '민족우수성론'을 굳게 믿고 계몽운동을 벌였기 때문이다.

독립운동가 해공 신익희의 생각을 알 수 있는 내용이 그의 생가 앞 비석에 새겨져 있으므로 이를 소개한다.

나라는 마땅히 완전독립이어야 하고

민족은 반드시 철저한 해방이어야 하며

사회는 어김없이 자유평등이어야 한다.

신익희 선생 생가

최은희 – 영화 같은 삶을 살았던 배우이며 교육자, 영화감독 –

조수아

　최은희의 삶은 그 자체가 드라마 같다. 일제 식민지시대와 한국전쟁을 겪으며 살아내야 했고, 어려운 여건 속에서도 영화를 찍고 제작하기 위해 안간힘을 써야 했다. 심지어 납치가 된 적도 있었고, 자유를 찾아 다시 탈출을 시도하기도 했다. 배우로서 그녀는 정말 부드러워 보인다. 영화 「사랑방 손님과 어머니」나 「성춘향」에서 보여주는 다소곳한 이미지는 그녀를 더 그렇게 보이도록 만들어주고 있다. 그러나 그녀의 부드러움 너머에는 강인함이 감추어져 있다. 그것은 연극과 영화를 위한 의지이고, 두려움 없는 도전이며, 자유를 향한 열정이었다.

　인기 있는 여배우로 최고의 영예를 누렸고, 교육자, 영화감독으로 격동기의 한국을 온몸으로 겪어내야 했던 영화배우 최은희의 뜨거웠던 삶을 한번 들여다보기로 하자.

젊은 시절

최은희는 1926년 11월 9일 경기도 광주 남한산성 맞은편 두메마을 현재 경기도 초월면 지월리에서 2남 3녀 중 셋째로 태어났으며, 아래로 남동생이 둘 있었다. 어려서 그녀의 이름은 최경순이었다. 그런데 우리나라 최초의 장편소설을 집필한 여류 소설가 박화성의 작품 「백화」 속 '은희'에게 강렬하게 영감을 받아 스스로 최은희로 개명했다고 한다.

가난한 소작농으로 5남매를 키우는 것이 힘에 부쳤던 탓인지 최은희 가족은 그녀가 어렸을 때 서울로 이주했다. 그래서 광주에는 그녀에 관한 기록이 별로 남아있지 않다. 셋째 딸인 그녀가 특별히 부모님의 살뜰한 보살핌을 받고 자라지는 못했을 거라고 추측할 뿐이다.

가난한 집안 막내딸로 자신의 한계를 일찌감치 깨달은 그녀는, 더 넓은 세상으로 나아가기 위해 최선을 다하지 않을 수 없었다. 자신의 처지에 안주하지 않고 재능을 펼칠 수 있는 곳을 향해 적극적으로 나아가게 된 것은 최은희 자신과 대한민국 영화계를 위해 참으로 다행스러운 일이다.

그러나 최은희의 아버지는 무척 엄한 성격이어서 딸이 연극하는 것을 극구 반대했다. 그런데도 최은희가 연극을 하려고 하자, 극단적인 방법까지 서슴지 않았다. 최은희의 신발을 도끼로 찍어 못쓰게 만들고, 방에 가두어 외출하지 못하도록 했다. 하지만 연극에 대한 최은희의 열정을 꺾을 수는 없었다.

최은희가 배우의 길을 가게 된 계기는 한 편의 영화로부터 시작되었다. 이규환 감독의 영화 「임자 없는 나룻배1932년」를 보고 영화예술에 눈을 뜨게 되면서 깊은 관심을 가지게 되었다고 한다.

이러한 최은희에게 연극 무대로의 길을 열어준 이는 문정복이었다. 문정복은 당대를 대표하는 여배우 중 한 명이었다. 최고의 인기 극단인 '아랑'에 소속되어 있던 문정복은 최은희가 아랑의 연구생으로 입단할 수 있도록 도와주었다.

배우 최은희

최은희는 1944년 경성여자기예학교현재 한성여자고등학교에 진학하면서 극단 「아랑」과 「신협」에 입단했다. 신인 연기자로써 제대로 연기수업을 받게 된 것이다.

극단 대표 황철은, 최은희의 말투가 느리고 수줍음을 많이 탄다고 '늘보'라는 별명을 붙여 주기도 했다. 최은희는 곧 주목받는 여배우 대열에 합류할 수 있었고, 극단 「아랑」에서 연극배우로 성장했다. 그녀는 단역, 조역, 대역 등을 맡으며 연기에 대한 열정과 훈련을 쌓아갔다.

최은희의 연극 데뷔작은 「청춘극장」, 영화 데뷔작은 신경균 감독의 「새로운 맹세1947년」였다. 「새로운 맹세」에서 최은희가 맡은 역은 어촌 처녀였다. 잇달아 최은희는 1948년 박기채 감독의 「밤의 태양1949년」, 윤용규 감독의 「마음의 고향」에 출연했다.

영화 성춘향, 1961년. 감독 신상옥, 배우 최은희 _ 1986년 3월 13일, 연합뉴스

이 무렵부터 연기자로써의 역량이 세간에 드러나기 시작했다. 20대 초반의 어린 나이로 비극적인 미망인 역할을 훌륭히 소화해내자 사람들의 찬사가 자자했다.

「청춘극장」과 「새로운 맹세」, 「마음의 고향」이 세 편 영화가 최은희가 6·25 이전에 출연한 영화이다. 최은희는 이 영화에서 힘들었던 장면에 관해 얘기한 적이 있다. 아버지가 딸에게 집을 나가라고 소리치는 장면이었다고 한다. 잘못했다고 빌면서 매달려야 했는데, 처음 연기를 하자 신경균 감독이 '오버 액션'이라고 지적하며 다시 할 것을 지시했다. 최은희는 감정 노출을 줄이고 다시 했다. 그러자 이번에는 '감정이 안 들어갔다'는 질책이 있었다고 한다.

키가 크고 한국적인 아름다움을 갖춘 최은희는 연기력과 특유의 여성적인 분위기로 영화계 안팎의 주목을 받게 되었다.

최은희는 무대 연기와 영화 연기의 다른 점을 이렇게 말했다. '무대 연기는 동작이 크고 편집이 없기 때문에 보다 나은 연기력을 요구한다. 그에 비하면 영화 연기는 제약이 많다. 특히 카메라는 제일 큰 제약이다. 연기자들은 순서가 뒤바뀐 장면을 어지럽게 연기해야 하고, 전후 맥락이 거세된 상황에서 필요한 감정만 찾아내야 한다. 이것은 넓은 무대에서 마음껏 그리고 긴 시간 동안 연속적으로 감정을 조절하고 운용해야 하는 무대 연기와는 질적으로 다르다.'

최은희는 한국전쟁 중에 동료배우 심영, 아랑극단 단장 황철에게 납치되어 강제로 월북할 뻔 했지만, 다행히 북한 청천강 부근에서 탈출에 성공했다. 6·25 전쟁 이후 한국 영화계에서 그녀의 존재는 절대적이었다. 그녀는 한국 영화계의 주역으로 활동하며 다양한 영화에 출연했다. 한 해에 3, 4편의 영화에 출연하며, 1950~70년대는 배우로서 최은희의 전성기였다.

그 중에서 1961년에 발표된 세 편의 영화는 특히 주목할 만하다. 「사랑방 손님과 어머니」, 「성춘향」, 「상록수」, 이 세 편의 작품 외에도 그녀는 「폭군 연산1962년」, 「쌀1963년」, 「빨간 마후라1964년」, 「민며느리1965년」 등에 출연해 관객들의 사랑을 받았다.

그러다가 북한에 납치되어 북한 영화계에서 신상옥 감독과 함께 활동하게 되었다. 영화사 신필름을 창립하고 일련의 영화를 제작했는데, 1980년대 북한에서 촬영한 영화 중에서 그녀가 출연한 대표작으로는, 「탈출기1984년」와 「소금1985년」을 꼽을 수 있다.

신상옥 감독과의 만남

1954년 그녀의 나이 28세였을 때 다큐멘터리 영화 「코리아」에 출연하며 신상옥 감독과 인사를 나누게 되었다. 그 후, 두 사람은 다양한 영화에서 감독과 배우로 만나, 함께 활발히 활동을 하게 되었다.

신상옥 감독과 함께 작업한 작품 중에서 특히 「성춘향」과 「사랑방 손님과 어머니」는 전성기의 최은희를 볼 수 있는 작품이다. 한국 최초의 컬러 영화였던 「성춘향」은 서울에서만 36만 명의 관객을 동원하며 대성공을 거두었다.

「사랑방 손님과 어머니」는 소설가 주요섭의 원작을 신상옥 감독이 영화화한 것으로, 원래 제목은 '사랑 손님과 어머니'였다. 이 작품에서 최은희는 단아하고 정적인 대한민국 대표 여성 이미지를 사람들에게 확실하게 각인시켰다. 「사랑방 손님과 어머니」는 한국 영화 최초로 '아카데미 외국어 영화상' 출품작의 영예를 안기도 했다.

「사랑방 손님과 어머니」는 시어머니, 딸과 함께 살고 있는 주인공 옥희 엄마와 사랑방에 하숙생으로 들어온 선생님과의 애틋한 사랑을 그린 작품이다.

영화 사랑방 손님과 어머니, 1961년. 감독 신상옥, 배우 최은희

    그런데 특이하게도 주인공인 옥희 엄마 역을 맡은 최은희와 하숙생 선생님 역을 맡은 배우 김진규 사이에 직접적인 대화 장면이 한 번도 나오지 않는다. 모든 대화는 서로를 바라보는 눈빛과 딸 옥희의 내레이션, 편지와 달걀, 꽃다발 등의 소품들을 통해 느껴질 뿐이다. 그래서 최은희의 연기력이 더욱더 돋보인 영화였다.

    1955년「꿈」을 통해 감독과 배우로 처음 만나게 된 후, 부일영화상 여우주연상「지옥화1958년」, 제1회 대종상영화제 여우주연상「상록수 1961년」, 제5회 부일영화상 여우주연상「사랑방 손님과 어머니1961년」등의 작품으로 세간의 인정을 받게 되었다. 그녀와 신상옥 감독이 협업으로 일궈낸 결과였다.

임원식 감독의 「청일전쟁과 여걸 민비1965년」를 통해 제4회 대종상 영화제 여우주연상, 제9회 부일영화제 여우주연상을 수상하기도 하지만, 그녀와 신상옥 감독은 1970년 유신정권의 영향으로 신필름이 문을 닫기 전까지 무려 24편의 작품을 통해 호흡을 맞춰왔다.

최은희란 배우를 떠올리면 항상 신상옥 감독 이름이 함께 나오는 게 당연할 정도였다. 두 사람은 결혼과 이혼, 재결합이라는 과정을 거치기도 했지만, 부부이기 이전에 영화계 동지였다.

영화 감독 최은희

배우로서 최고의 입지를 다지며 승승장구하던 최은희는, 박남옥, 홍은원의 뒤를 이어 여성 영화감독이 되었다. 「민며느리1965년」, 「공주님의 짝사랑1967년」, 「총각선생1973년」, 「약속연도 미상」에 이르는 네 편의 영화를 직접 연출하며 경직된 당시 사회 속에서 여성 감독으로서 새로운 도전을 시작한 것이다.

그녀가 감독한 네 편의 영화 중 지금까지 영상 자료로 남아있는 것은 「민며느리」와 「공주님의 짝사랑」 두 편의 작품이다. 공교롭게도 두 작품 모두 여성을 주인공으로 내세웠는데, 전자는 직접 주인공으로 출연도 하며 작품을 이끌었던 반면에, 후자는 신인 여배우 남정임을 캐스팅하여 생기발랄한 공주의 사랑 얘기를 다루었다.

「민며느리」는, 최은희가 찍고 최은희가 주인공 역을 직접 맡은 영화로 조선 시대를 배경으로 한 작품이다. 최은희는 이 작품 속에서, 어렸을 때 혼인해 시집이라는 낯선 환경 속에서 고된 시집살이를 하며 온갖 고난과 역경을 겪는 며느리의 모습을 그려냈다.

며느리에게 회초리를 휘두르는 시어머니, 시어머니로부터 고통 받는 힘없고 가련한 여주인공, 그 여주인공에게 주변 등장인물들의 동정표가 쏠리는데도 악화되어 가는 상황, 그럼에도 불구하고 주인공은 이 모든 고난을 극복하며 어김없이 해피엔딩으로 극을 이끌어 간다.

지금으로서는 인물의 성격이 뻔하고 결말이 진부해 보이지만, 당시로서는 파격적인 주제를 다룬 명작으로 평가받았다. 페미니즘을 주제로 다룬 영화가 드물었던 때였다. '모성 표상'의 대표 여배우가 출연하고 감독을 맡았던 이 작품은 제20회 국제서울여성영화제에서 상영되었다. 이 영화가 훗날 김정일이 그녀를 지목해 납치하게 된 단초가 되었다고 보는 시각도 있다.

「공주님의 짝사랑」은 당대 최고의 여배우인 최은희가 직접 감독한 작품이라는 프리미엄이 더해져 홍보 과정에서 세간의 관심을 끌었지만, 직접 출연한 「민며느리」에 비해 흥행에서는 실패하고 말았다.

납치, 탈출, 그리고 망명생활

1967년 최은희는 전남편 신상옥 감독이 설립자이자 이사장이었던 안양예술학교현재 안양예술고등학교 교장이 되어 후진양성에 주력한다.

월탄 박종화가 지어준 이 학교 교훈은 '배우고 노력하는 인간이 되자'였다고 한다.

그런데 생각지도 못한 일이 벌어져 그녀의 삶을 송두리째 흔들어 놓게 되었다. 그 빌미가 된 것은, 우리나라 노동운동사에 한 획을 그은 전태일 열사 분신 항거 사건이었다.

1970년 11월 13일 서울 평화시장 노동자 전태일은 일용노동자와 여공들의 근무조건을 개선해 줄 것을 요구하며 근로기준법 준수를 주장했지만, 아무도 자신의 말에 귀를 기울여주지 않자 분신 항거한 것이다.

신상옥 감독은 이 젊은 노동운동가의 빛나는 삶을 영화화하려고 했다. 그러나 박정희 정권은 전태일 열사 영화를 찍으려는 신상옥 감독을 내버려두지 않았고, 탄압이 시작되었다. 이 과정에서 정부는 영화사 신필름의 인가를 취소했다. 정치적 외압으로 곧 모든 상황이 어려워졌고, 영화제작은 물론이거니와 안양예술학교 경영까지 어려워졌다.

이 틈을 타 북한과 조총련은, 영화제작 지원을 앞세워 최은희를 납치할 계획을 구체화시켰다. 그리고 북한이 의도한 대로 1978년 1월 14일 최은희는 홍콩에서 북한 공작원에 의해 납치되고 만다.

납북 직후 도착한 남포항에 김정일이 직접 그녀를 맞이하러 나와 있었다고 최은희는 그녀의 회고록에서 밝히고 있다. 김정일은 외부 선전용 영화를 제작해 공산주의 체제의 우월성을 알릴 사람이 필요했다고 한다. 그래서 가장 적합한 인물로 두 사람을 점찍어 놓고 치밀한 공작을 실행한 것이라고, 그녀는 인터뷰에서 밝혔다.

북한으로 납치됐다가 미국 망명생활을 거쳐 귀국한 최은희 신상옥 부부가 1989년 5월
귀국 기자회견하는 모습 _ 연합뉴스, 2018년 4월 16일

최은희의 납치 이후 그녀를 찾기 위해 홍콩에 온 신상옥 감독 역시
같은 해 7월 납북되었다. 6개월의 간격을 두고 같은 해에 납치되었는
데, 정작 두 사람이 만나게 된 것은 5년 후라고 한다.

최은희는 신상옥이 자신을 찾아다니다가 납북된 후 북한에서 고문
과 회유, 감화소 생활을 반복하며 5년 동안 고초를 겪은 사실을 당시
에는 알지 못했다. 북한 지도부는 신상옥 감독이 어느 정도 자신들의
의도에 맞게 길들여졌다는 확신이 든 후 비로소 최은희를 만나게 해
주었기 때문이다.

그리고 두 사람은 9년 동안의 납북 기간 동안 총 17편의 영화를 만
들어냈다. 그 중 「탈출기」, 「소금」, 「불가사리」, 「돌아오지 않는 밀사」
등이 외부에 잘 알려진 영화다. 특히 「소금」은 1985년 모스크바 국제

영화제에서 최은희에게 여우주연상을 안겨주었다.

한편, 대한민국 정부는 이들의 실종에 대한 매체의 보도를 통제해오고 있었다. 그러나 갑자기 사라진 두 사람이 유럽 쪽의 각종 영화제에 작품을 출품하는 등 대외적인 활약상이 알려지게 되자 납북 6년 후인 1984년에 비로소 이들의 납북사실을 공개한다.

당시 국가안전기획부는 두 사람이 일본의 교토통신 기자 에노키 아키라에게 보낸 북한의 금강산을 배경으로 한 사진, 육성 테이프, 자필 편지 등을 증거로 추가로 신상옥의 두 아들에 대한 추가 납치공작이 있을 것이라고 발표했다.

"지금도 북한 공작원에게 쫓기는 악몽에 시달립니다. 누군가 저를 겨누고 있는 것 같은 공포심과 불안감에 사로잡혀요. 안 겪어본 사람은 모릅니다." - 「중앙일보」 인터뷰 중에서

그녀는 자서전『최은희의 고백』의 서문에서 그 시절이 "500년을 산 것처럼 길고 모진 시절이었다."고 회고했다. 언제 어떤 일로 김정일의 눈밖에 나 가택연금과 수감생활을 하게 될지도 모른다는 불안감에 잠시도 마음을 놓을 수 없었기 때문이다.

최은희 부부는 북한 체제에 순응하는 척하면서 북한을 탈출할 수 있는 기회만 노리고 있었다. 그러던 중에 마침내 기회가 찾아왔다. 1986년 베를린 국제영화제에 최은희 부부가 북한 영화인 자격으로 참가하게 된 것이다.

두 사람은 영화제 일정 후 오스트리아 빈에서 영화 촬영 기자재를

구입해야 한다는 구실로 감시를 따돌렸다. 그리고 미국 대사관 안으로 뛰어 들어가는데 성공함으로써 극적으로 북한의 손아귀에서 벗어나게 되었다.

최은희 부부는 그들이 자진 월북한 것이 아니라 납북 당했다는 사실을 이야기하며 미국에 망명을 요구했다. 두 사람의 요구대로 미국은 워싱턴에 망명처를 제공할 것을 약속했다.

한국 정부는 국가안전기획부 차장과 수사단장 등을 미국에 파견하여 최은희 부부에게 한국으로 가자고 설득하였지만, 두 사람은 이들의 말을 듣지 않았다.

최은희 부부는 미국 망명 후 미국 LA에 머물렀다. 납북 당시 지니고 온 김일성, 김정일의 대화 녹음테이프를 미국 CIA중앙정보국에 제공하는 댓가로 경호와 주거, 생활비 용도의 연금까지 지원받을 수 있었다. 북한 독재체제에 대한 정보가 제한적이었으므로 그들과 나눈 대화를 녹음한 자료는 중요한 정보가치가 있었다.

한편, 이 기간 동안 최은희와 신상옥은 8년 동안 북한에서 지내며 경험한 것을 정리해『김정일 왕국』이라는 수기를 출판했다.

그리고 1989년 노태우 정부의 초청으로 한국에 임시 귀국해 국가정보원당시 안기부의 조사를 받은 후, 비로소 두 사람에게 자유가 허락되었다.

최은희와 신상옥은 한국과 미국을 오가며 함께 영화를 제작했다. 1993년 최은희가 신상옥과 함께 만들어 미국 전역에서 개봉된「쓰리 닌자」는 이 시기에 만든 영화로 일본의 첩자, 자객을 등장시킨 동양적인 영화였다. 그러나 만족할만한 성과를 얻지는 못했다.

지금은 세계영화시장에서 한국의 위상이 높아졌지만, 그 당시 두 사람이 미국에서 영화를 제작할 때는 상황이 만만찮았고, 선입견 때문에 어려움이 뒤따랐다.

영원한 별, 최은희

1999년, 납북되어 한국을 떠난 지 22년 만에 최은희는 신상옥 감독과 함께 영구 귀국했다. 50대에 떠나 70대의 모습으로 고국의 품에 돌아오게 된 것이다.

최은희는 영화계 원로로써 영화계 안팎에서 활발히 활동을 계속했다. 2001년 극단「신협」대표로 취임해 그해 헤밍웨이 원작 뮤지컬 '누구를 위하여 종을 울리나'의 제작과 출연을 맡았다.

2006년에는 제5회 대한민국 영화대상 공로상을 수상했다. 영화계에 끼친 그녀의 영향력을 다시 한 번 인정받게 된 것이다.

그러나 그 해 신상옥 감독이 지병으로 세상을 떠났다. 최은희는 깊은 우울과 상실감에 빠졌지만, 신상옥 기념사업에 남은 열정을 바치기로 마음을 다졌다. 2007년 자신의 자서전『최은희의 고백』을 출간했고, 신상옥 감독의 유고를 정리한『난 영화였다』도 함께 세상에 내놓았다.

그녀가 출연한 마지막 작품은 공교롭게도 2016년 영국에서 제작된 다큐멘터리 영화「연인과 독재자」였다. 이 작품을 연출한 감독은 영국 출신의 로버트 캐넌과 로스 애덤이었다.

그들은 최은희의 납북과 관련된 일련의 사건에 대해 관심이 컸다. 로버트 캐넌과 로스 애덤 감독은 이 다큐멘터리를 찍을 수 있게 허락해 달라고 최은희를 끈질기게 설득했다. 그리고 2년 만에 최은희의 허락을 얻어 사건과 관련된 다큐멘터리 촬영 작업을 시작할 수 있게 되었다.

제작 당시 다큐멘터리 주요 인물 중에 김정일, 신상옥은 이미 사망했고 최은희만이 생존해 있는 상태였다. 하지만 관련 인물들의 인터뷰를 담고, 증거들을 보여줘 기록물로서 가치가 있고, 완성도가 높은 작품이었다.

「연인과 독재자」는 2016년 선댄스 영화제 월드 다큐멘터리 경쟁 부문 초청작이 되었다. 이 작품은 우리나라에도 소개되었다.

최은희는 2018년 4월 16일 93세의 나이로 세상을 떠났다.

그녀는 대단한 열정을 지닌 배우였다. 그녀에게 연기는 내부의 정열을 외부로 뿜어내는 통로였으며, 생의 희열을 끌어가는 도화선이었다.

그러나 그녀에게 연기는 고통과의 싸움이었고, 자신을 이기기 위한 탈출이었다. 최은희는 내부에 불씨를 간직한 휴화산과 같은 배우였다.

자서전『고백』에 최은희는 이렇게 썼다.

'사람들은 내게 영화 같은 삶을 산 여배우라고 말한다. 나는 평범한 여자에 불과한데 어쩌다 영화 같은 삶을 살게 됐을까. 나는 분단국의 여배우로서, 신 감독은 분단국의 영화감독으로서 조국의 비극에 희생양이 되는 경험을 했다.

그러나 배우가 된 것을 후회하지 않는다. 나는 연기를 통해 타인의 삶을 내 것으로 받아들이는 연습을 하며 살면서 모든 이들의 인생이 참으로 아름답고 소중하다는 것을 배웠다.'

최은희는 일제 강점기와 한국전쟁을 몸소 겪으며, 첨예한 남북 대립과 이념 대립으로 들끓는 대한민국 격동기 속에서 자신의 자리를 굳건히 지킨 배우요, 영화감독이요, 교육자였으며, 시대를 앞서 간 개척자였다.

그녀는 화려한 여배우로 130편이 넘는 영화에 출연하고서도 제대로 된 개런티를 받아 본 적이 없었다고 한다. 그러나 최은희는 그녀가 관련되었던 400여 편에 달하는 영화와 연극, 뮤지컬 작품과 함께 오래도록 우리 기억 속에서 누구보다 화려한 대배우로 살아있을 것이다.

혼신의 힘을 다해 연기한 그녀의 배역은, 어려운 시절을 견뎌온 우리 할머니이며, 어머니이며, 언니였으며 바로 우리 자신이었다. 그녀의 모습 속에는 격변기를 살아낸 아름답고 소중한 우리 이웃들의 진솔한 삶이 담겨있기 때문에 우리는 그녀가 더 그리운 것인지도 모른다.

참고 문헌 및 사진 출처

참고 문헌

- 『선조실록』. 선조 16년 2월 13일
- 『선조왕 실록』 26권. 선조 25년 4월 1일경인
- 『高宗實錄』. 고종 31년1894 6월 21일
- 『국조방목國朝榜目』
- 『기묘록己卯錄』
- 『모재집慕齋集』
- 『연려실기술燃藜室記述』
- 『전고대방典故大方』
- 『중종실록中宗實錄』
- 『조선왕조실록』
- 『인조실록』
- 『정조실록』
- 경기문화재단, 『경기도 역사와 문화 : 설화와 민담』. 수원, 2010, 30-32쪽
- 광주군청, 『내가 사는 광주』. 광주군, 1993
- 김기승, 『고불 맹사성의 생애와 사상』. 고불 맹사성기념사업회, 2014
- 남재호, 『광주시의 역사와 문화』. 광주문화원, 2011
- 박광운, 『기묘명현 정충량 전기』. 광주문화원, 2014
- 박기준, 『광주의 문화유산』. 광주문화원, 2015
- 이상복, 『광주의 지명유래』. 광주문화원, 2005
- 박용재, 『광주향토사료집 2000』. 광주문화원, 2000
- 박광운, 『충정공 정뇌경 전기』. 광주문화원, 2007
- 남재호, 「너른고을 · 광주 인물전」. 광주문화원, 2013
- 이상복, 『광주와 실학』. 광주문화원. 2005

- 성주현, 『정암 이종훈의 생애와 민족운동』. 광주문화 통권 제25호, 광주문화원, 2014, 37–52쪽
- 이긍익, 『연려실기술』. 계유출판사, 1934. 민족문화추진회, 1966
- 이긍익, 『조선왕조실록, 선조편』
- 이긍익, 『조선왕조실록, 태종편』
- 이상훈, 『신립의 작전지역 선정과 탄금대 전투』. 국방부 군사편찬연구소, 2013, 275–302쪽
- 정용태 소평공파 회장, 『정씨 이천년 화수동근 선적』. 동래정씨 소평공파 종친회, 2021
- 류중석 외, 『해공 신익희 이야기』. 민족공동체연구소, 1999
- 성주현, 『일생을 교회와 민족에 바친 정암 이종훈』. 신인간 통권 573호, 1983. 5, 88–89쪽
- 『야뢰夜雷, 정암은 돌아가시었나』. 신인간, 1931. 5
- 부길만, 『해공 신익희와 민주주의』. 씨올의 소리 7. 8월호, 2022
- 신창현 저, 『해공 신익희 요약본』. 네이버
- 『제4회 해공학술대회 자료집』. 해공신익희 탄생 128주년 기념, 2022
- 성주현, 『정암 이종훈의 생애와 민족운동』. 한국민족운동사연구, 2011, 69쪽, 79–112쪽
- 이돈화, 『천도교창건사』. 경인문화사, 1970, 84–85쪽
- 이종일, 『묵암비망록』 1912월 1월 16일. 박걸순, 이종일, 독립기념관한국독립운동사연구소, 1997, 248쪽, 299쪽
- 조성운, 『正庵 李鍾勳의 국내에서의 민족운동』. 숭실사학, 2010, 25쪽, 157–181쪽
- 허미자, 『허난설헌』. 성신여자대학교 출판부, 2007
- 권병덕, 『갑오동학난, 이조전란사』. 대동사문회, 1935
- 『취어』. 『동학농민혁명국역총서 1』. 동학농민혁명참여자명예회복심의위원회, 2007, 22쪽, 37쪽
- 『천도교회사초고, 포덕 35년조; 천도교사부총서』. 천도교중앙총부수습위원회, 1962, 61쪽
- 김시업, 『순암 안정복』. 순암안정복선생기념사업회, 2015

• 3·1문화재단,『3·1운동 새로 읽기』. 예지, 2012

• 이현희, 정경환, 오영섭 공저,『해공 신익희 연구』. 삼화출판사, 2007

• 김성남,『허난설헌 시 연구』. 소명출판사, 2002

• 남재호 광주문화원장,『너른고을 광주 인물전』제1집. 홍익문화사, 2013

• 신병주,『키워드 한국사 4』. ㈜사계절출판사, 2012

• 신창현,『해공 신익희』. 해공신익희선생기념회, 동진문화사, 1992

• 장미숙,『피리부는 정승 맹사성』. 온양문화원, 2015

• 장정룡,『허난설헌 평전』. 새문사, 2007.

• 박맹수,『사료로 보는 동학과 동학농민혁명』. 도서출판 모시는 사람들, 2009

•『이종훈 약력』

•『동학농민혁명 신국역총서 1』. 총 14권, 동학농민혁명기념재단, 2022

• 소현세자 저. 이석우 역,『심양일기』. 대양서적, 1637

• 소현세자 시강원 저, 정하영, 박재금, 김경미, 조혜란, 김수경, 남은경 역주.『심양
장계, 심양에서 온 편지』. ㈜창비, 2008

• 신한국연구회 편,『이야기 한국 인물사』. 태을출판사, 2012

• 김상근,『인물로 읽는 교회사』. 평단(평단문화사), 2007

• 김진영,『조선후기 소수자의 삶과 형상』. 보고사, 2007

• 임철호,「신립설화의 역사적 의미와 기능－구비문학연구 12권」. 한국구비문학회,
2001, 363－393쪽

• 이경원,「광암 이벽의 천주사상 연구A Study on Gwangam Lee Byeok's Catholicism 한국철학
논집 no.21」. 2007, 197－239쪽

• 원재연,「순암 안정복安鼎福과 광암 이벽李檗의 서학西學 인식The understanding of Weastern
studies between An Jeong-bok and Lee Byeok 교회사학 no.4」. 2007, 5－28쪽

• 이성배,「광암 이벽과 그리스도교 사상의 철학관(Ⅱ)－이벽이 수용한 그리스도교의
철학적 바탕 동양철학연구 v.29」. 2002, 263－292쪽

• 정승우,「근대의 기독교 수용과정에서 나타난 한국인의 예수이해: 광암 이벽과 탁사
최병헌을 중심으로The Portraits of Jesus Represented in Korean Modern History: Concentrating on Lee
Byeok and Choi Byungun's Understanding of Jesus 신학논단 v.72」. 연세대학교 신과대학 연합
신학대학원, 2013, 167－199쪽

- 남상범, 「이벽의 「성교요지에 나타난 하느님 이해와 토착화 원리에 관한 연구The Research about the principle of Naturalization and the Understanding of God shown in Lee Byeok's「Seonggyo yoju」 인천가톨릭대학교 대학원 국내석사, 2008, 106쪽
- 김산, 「동학농민전쟁 그 역사를 찾아서, 17. 이종훈 선생의 생가를 복원하라!」, 경기일보, 2014. 6. 29
- 김영수, 「'정암 이종훈 선생' 3대가 독립운동 헌신」, 시티뉴스, 2011. 3. 3
- 김영수, 「광주지역 의병 독립운동가 16명 달해」, 시티뉴스, 2011. 9. 14
- 김영호, 「경기도 독립운동가를 만나다, 민족대표 이종훈」, 경기일보, 2019. 4. 1
- 「三十三人삼십삼인의 一人일인 李宗勳氏長逝이종훈씨장서」, 동아일보 1931. 5. 3 석간 2면 사회
- 이윤희, 「광주 출신 독립운동가, 해공 신익희 뿐? 정암 이종훈, 발자취를 기린다」, 경인일보, 2021. 5. 7
- 이윤희, 「광주 곤지암에 '호국의 길' 생긴다. 지역출신 독립운동가 '이종훈' 헌정」, 경인일보, 2021. 5. 17
- 「정운현, 33인 중 최고령자, 일제에 온몸으로 맞선 동학교도」, 오마이뉴스, 2019. 3. 8
- 허행윤, 「[지지대] 애국지사 이종훈 선생」, 경기일보, 2021. 5. 11
- 「묵암비망록」, 1914. 8. 23,31, 1916. 3. 3.
- 「정충량鄭忠樑」, 네이버 지식백과, 한국민 족문화대백과, 한국학중앙연구원, https://m.blog.naver.com/snmblove/222341462101
- 광주문화원 홈페이지
- 광주시청 홈페이지
- 국가보훈처 http://www.mpva.go.kr
- 국립서울현충원 블로그
- 두산백과 http://www.doopedia.co.kr
- 매일경제, 2007. 4. 13
- 문화재청 국가문화유산포털
- 서울시 강동구청 홈페이지
- 위키백과
- 위키실록사전
- Daum 백과

- 네이버 지식백과
- 지역N문화
- 한국구비문학대계 한국학중앙연구원
- 한국민족문화대백과사전 http://encykorea.ask.ac.kr

사진 출처

경기도 광주시 홈페이지(본문 사진에 따로 표기 함)

경기 광주시 홈페이지 자료실(https://www.gjcity.go.kr/portal/contents.do?mId=0101080100)에서 다운받으실 수 있습니다.

공유마당

아래 저작물은 '공유마당(http://gongu.copyright.or.kr)'에서 무료로 다운받으실 수 있습니다.

- 심곡서원19 by 채치원, 공유마당, cc by

문화재청

아래 저작물은 '문화재청'에서 공공누리 제1유형으로 개방한 저작물을 이용하였으며, 해당 저작물은 '문화재청(http://www.cha.go.kr/cha/idx/Index.do?mn=NS_01)'에서 무료로 다운받으실 수 있습니다.

- 난설헌시집_목판초간본

이뮤지엄

아래 저작물은 '이뮤지엄'에서 공공누리 제1유형으로 개방한 저작물을 이용하였으며, 해당 저작물은 '이뮤지엄(http://www.emuseum.go.kr)'에서 무료로 다운받으실 수 있습니다.

- 동사강목_안정복_국립중앙박물관
- 성호사설유선_안정복_국립중앙박물관

* 그외 사진의 출처는 사진 하단에 따로 표시하였습니다.

너른고을 광주
역사와 인물을 통해 배우는 한국사

1판 1쇄 인쇄 2022년 12월 22일
1판 1쇄 발행 2022년 12월 29일

지은이 웃담문화교육연구회
발행인 김소양
편 집 권효선
마케팅 이희만

발행처 ㈜우리글
출판등록번호 제321-2010-000113호
출판등록일자 1998년 06월 03일

주소 경기도 광주시 도척면 도척로 1071
마케팅팀 02-566-3410 **편집팀** 031-797-3206 **팩스** 02-6499-1263
홈페이지 www.wrigle.com

값은 표지에 있습니다.

ISBN   978-89-6426-105-7   03910

잘못 만들어진 책은 구입하신 서점에서 교환해 드립니다.